맨주먹 서비스로 성공하라!

불황을 탈출하는 최고의 서비스 기술

맨주먹 서비스로
성공하라!

글·권오정   그림·길현섭

도서
출판 **예가**

프롤로그 / 끊임없이 변화를 꿈꾸는 사람들

어느 날 아침 신문을 펼쳤을 때, 지난밤을 추위와 배고픔에 떨며 지새운 듯한 어느 노숙자의 모습이 눈앞에 떠올랐다. 정말이지 안타까웠다. 하루 종일 그 모습이 뇌리에서 사라지지 않고 필자를 따라다녔다.

노숙자 신세가 된 까닭이 무엇이든 마냥 주저앉아 있을 수 없는 일이다. 좌절을 딛고 일어나야 한다. 어려움을 극복하고 다시 희망을 그려야 한다. 성공과 희망을 향한 그 험난한 여정에 이 책이 작은 도움이 되어 줄 것이라고 기대한다.

1987년, 항공사 승무원으로 출발했다. 지금까지 약 18년 동안 비행기 객실승무원으로서 한시도 현장을 멀리한 적이 없었다. 그런 측면에서 그 누구보다도 현장의 숨소리를 귀담아 들을 수 있다고 자부해 왔다.

그 동안 수많은 승객들과 어울리면서 경험하고 축적했던 현장 기술 노하우는 그 어떤 것보다도 값진 보석이었다. 좀 더 훌륭한 서비스를 실천하기 위해 읽었던 많은 실용서 속에는 풍부한 이론이 담겨 있었다. 동료들이 들려준 생생한 경험담은 돌발 상황을 슬기롭게 헤쳐 나갈 수 있는 지침이 되었다. 다양한 현장 경험과 동료들의 조언에 연륜을 보태어 이 책을 집필해 나갔다.

서비스 관련 분야는 날로 성장하고 있다. 서비스 요소가 배제된 산업은 거의 전무하다 해도 과언은 아니다. 이를 두고 하버드대학의 테어도어 레빗 교수는 말했다.

"서비스 산업이란 존재하지 않는다. 다른 산업보다 서비스 요소가 많은 산업과 적은 산업이 있을 뿐이다. 어떤 산업이든 서비스와 관계가 있다."

특히 우리의 생활 속에 스며들어 있는 서비스 요소는 우리의 생각과 문화마저 바꾸어 놓았다. 이제 사람과 사람이 접촉하는 모든 관계 속에 서비스는 존재한다. 그것이 부모와 자식, 교사와 학생, 의료진과 환자, 신부와 신자, 사장과 직원, 공무원과 민원인, 친구 사이, 직장 동료 사이…. 우리가 접속중인 모든 관계 안에 서비스는 적용된다. 관계를 맺는 모든 사람은 당연히 우리의 고객이 된다.

서비스는 이제 일상 생활에서 뗄 수 없는 문화로 자리잡았다. 따라서 이 책은 특별한 분야의 누구를 위한 것이 아니라, 모든 사람들에게 서비스 경험을 전달하기 위해 쓰여졌다. 굳이 좀 더 유익한 쓰임새를 바란다면, 직업적으로 서비스 분야와 관련된 일을 하거나 그 일을 기획하고 있는 독자들이 될 것이다.

다시 말해 ◆ 창업과 취업을 통해 서비스 분야에 처음 발을 들여놓는 초보 서비스맨에게는 가이드 라인을 ◆ 그 동안 일에만 몰두해 온 중견 서비스맨에게는 재점검의 기회를 ◆ 연륜이 쌓인 최고 서비스맨들에게는 후배와 부하 직원들을 가르칠 때 좀 더 논리적이고 세련된 모습을 ◆ 서비스 분야 진출을 꿈꾸는 예비 서비스맨들에게는 사전 지식을 제공할 수 있는 내용들이다.

양질의 서비스를 수행하고 고객을 만족시키기 위해서는 수많은 기술과 이론들이 필요하겠지만, 그것들을 일일이 열거하여 나열하는 것은 무모한 일이다. 비록 수천, 수백 가지의 기술과 이론들이 있다 해도 별다른 실용성이 없다. 경험에 비추어 이 모든 기술과 이론들을 명확히 파악하고 기본적인 몇 가지 줄기와 뿌리를 만들어 출발해야 한다. 그런 측면에서 이 책은 가장 기본적인 줄기와 반드시 실천해야 하는 내용만을 골라서 담았다.

이 책은 모두 4장으로 구성되어 있다.
- 1장에서는 직접 실천 가능한 현장 서비스 기술을 다루었다. 현장 서비스 기술은 다양하고 많지만 반드시 실천해야 할 항목이다. 오랜 현장 경험을 통해 터득한 근본 기술을 담고자 노력했다
- 2장에서는 서비스 담당자들이 현장 투입에 앞서 갖추어야 할 서비스 마인드에 관해 다루었다. 현대의 서비스는 단순히 기술적인 측면만을 강조하기엔 그 범위가 너무나 깊고 광범위해졌다. 성공적인 서비스는 서비스를 직접 수행하는 사람의 서비스 마인드로 결정된다. 겉으로 드러난 서비스의 기술 향상에는 한계가 있다. 이제는 마음이다. 바람직한 서비스 마인드의 형성이 바로 고품격의 서비스를 창조하고 고객 만족에 이르는 지름길이다.
- 3장에서는 현장의 돌발 상황과 그에 따른 고객들의 불만을 슬기롭게 해결하는 방법을 담았다.
- 4장에서는 현장 기술을 더욱 다양하고 세련되게 발전시킬 수 있는 서

비스 이론을 다루었다.

기초가 튼튼한 건물이 강하고 수명도 길다. 풍부한 이론이 기초가 될 때 아름답게 빛나는 서비스가 가능해진다. 현장 서비스의 바탕이 되는 근본 이론을 실제와 적용하여 쉽게 표현하고자 한 것도 그 때문이다.

하고 싶은 말도 넘쳤고 의욕도 앞섰다. 글재주 없는 사람이 썼기 때문에 어색한 문장이나 글의 흐름이 매끄럽지 못한 부분도 적지 않을 것이다. 글 속에 담긴 내용을 음미하며 읽어 주면 더없이 고맙겠다.

경험만 앞세워 막상 책을 쓰자니까 힘든 점이 많았다. 그럴 때마다 관련 분야의 학자와 전문가들이 발표한 저서나 학술 논문들을 참고했다. 참고하는 데 그치지 않고 인용도 했다. 참고와 인용에 필자의 현장 경험을 접목시키면서 생각을 정리했다.

학자나 작가도 아닌 사람이 책을 낸다는 게 내심 부끄럽고 겸연쩍었다. 하지만 감히 용기를 내기로 했다. 지금 이 순간에 나의 살아 있는 현장 경험과 지식을 필요로 하는 사람들이 분명히 존재할 것이라는 믿음 때문이었다.

끊임없이 변화를 꿈꾸는 사람들이여! 이 책을 통해 새로운 계기와 전환점을 만나기 바란다.

권 오정

c o n t e n t s

차 례

c o n t e n t s

c o n t e n t s

차 례

service

1부

현장 서비스 기술

현장을 장악하라

최고의 이미지를 창출하라

> 추악한 여자는 없다. 다만 아름답게 보이는 방법을 모르는 여자가
> 있을 뿐이다.
>
> – 라 브뤼에르

　고객의 호감과 진심을 얻고 싶다면 그대의 모습부터 정돈하라. 고객 만족을 원한다면 현장 서비스 담당자인 그대의 이미지부터 가장 먼저 관리하라.

　이미지란 마음속에 그려지는 사물의 감각적 영상이요, 인간이 느끼는 갖가지 감정의 전체적인 집합이다. 이미지란 상대방이 그대에 대하여 느끼는 모습이거나 그대에게 비춰진 상대방의 총체적인 모습이다. 그대는 의노석이든 그렇지 잃든 남에게 그대의 어떤 이미지를 심어 주고 있으며 타인으로부터 어떤 이미지를 받고 있다.

　설령 남에게 그대의 이미지를 심어 주는 것이 부담스러워 사람

만나기를 기피하거나 침묵하면 그 자체가 조용한 사람, 수줍은 사람, 내성적인 사람이라는 이미지로 평가된다. 인품이나 인성과 같은 내적 이미지, 외모처럼 외부로 나타나는 외적 이미지가 함께 어우러져 하나의 총체적인 이미지를 구성한다.

우리 인간은 시시각각으로 강함, 부드러움, 유약함, 편안함, 비열함, 깨끗함, 명석함, 천함, 진실함 등 무수히 많은 이미지를 주고받는다. 그 와중에서 남에게 긍정적인 이미지를 전달하고 싶은 욕구는 어느 누구에게나 공통적이다.

●● 첫인상을 관리하라

이미지 형성에 첫인상은 가장 중요하다. 우리 인간은 '만난 지 약 7초 내에 상대의 이미지를 결정한다'고 전문가들이 말한다. 특히 '이미지를 결정하는 데 첫인상이 나중에 받는 느낌보다 훨씬 더 강하게 작용한다'는 것이다. 따라서 고객에게 긍정적인 이미지를 심어 주기 위해서는 처음부터 의식적으로 이미지를 관리해야 한다.

이미지 관리는 스스로 통제하고 창조해 나갈 때 가능하다. 먼저 자신을 뒤돌아보고, 주변의 직장 동료나 상사를 관찰하고, TV의 연예인들을 보고, 그들이 그대에게 주는 많은 이미지 중에서 스스로 호감이 가는 부분을 찾아라. 그 부분을 그대의 것으로 만들고 이를 통해 그대를 디자인하라. 우리 인간은 싫든 좋든 자의든 타의든 어떠한 특정 이미지를 전달한다. 그 이미지에 따라 평가가 이루어지고 사람들은 그 이미지에 걸맞게 상대적 반응을 보인다.

'미운 놈 고운 데 없고 고운 놈 미운 데 없다.'

'미운 놈은 하는 짓이 다 밉고 예쁜 놈은 나쁜 짓을 해도 예뻐 보인다.'

한번 심어진 이미지가 그 사람의 행동에 얼마나 강한 영향을 미치는가를 강조하는 말이다. 어차피 남에게 주어야 하는 이미지라면 긍정적이고 호의적인 느낌이 전달될 수 있도록 첫인상부터 관리할 필요가 있다. 멋진 이미지를 심어 주는 것은 그 이미지를 받는 사람에게도 기분 좋은 일이다. 따라서 긍정적인 이미지의 창출은 고객에 대한 예의이자 훌륭한 서비스의 시작이기도 하다.

●● 긍정적 이미지를 심어라

고객과의 끊임없는 만남이 이루어지는 서비스 현장에서 단정하고 깔끔한 이미지는 그대가 제공하는 서비스의 질을 더욱 향상시킨다. 고객에게 전달되는 부드럽고 친절한 이미지가 곧 그대의 서비스에 대한 이미지 형성의 첫 걸음이다.

지금 그대의 눈, 표정, 몸짓, 음성 등이 어떤 이미지를 전달하고 있을까? 과연 고객에게 부드럽고 친절한 인상을 심어 주고 있는가? 단정하고 깔끔한 이미지를 느끼게 하는가? 차근차근 뒤돌아 보아라.

고객은 그대가 보여 주는 이미지에 따라 그대를 평가하고 그대에 대한 태도를 결정한다. 고객이 그대에게 긍정적이고 호의적으로 반응하면 고객은 그대로부터 좋은 이미지를 받은 것이다. 고객의 호의적인 반응은 상대적으로 그대에게 용기와 자신감을 심어 준다. 자신감 있는 서비스는 고객에게 적극적이고 활동적인 느낌을 준다. 반대로 고객의 반응이 부정적일 때, 그대는 쉽게 자신감을 잃고 위축되어 소극적으로 행동하게 될 것이다.

이처럼 그대의 이미지에 대한 고객의 반응은 다시 그대의 자신감에 영향을 주고 그대의 내적 이미지 형성을 유도한다. 형성된 내적 이미지는 이어서 그대의 외적 이미지를 결정하게 하는 순환이 이루어진다.

결과적으로 그대의 이미지를 관리하고 만들어 나가는 일은 고객에게 긍정적인 느낌을 전달하기도 하지만 스스로 강한 자신감을 형성하도록 도와 준다. 나아가 자신감은 스스로 동기 부여를 할 수 있게 만든다. 올바른 이미지 관리는 고객에 대한 서비스일 뿐만 아니라 그대 자신에 대한 서비스이기도 하다. 따라서 고객, 그대 자신, 모두를 위한 이미지 관리를 꾸준히 지속하라.

●● 이미지 메이킹

자신의 모습 중 장점은 최대한 살리고 약점은 가능한 한 약화시켜 자신 있는 부분이 약한 부분을 강하게 보완케 하라. 자신의 모습을 현재의 신분·상황·장소에 가장 잘 어우러지게 표현하라. 즉 남들에게 보여지는 부분을 가장 효과적으로 만들어 나가는 것이다.

1) 그대 자신을 정확하게 파악하라

그대의 행동을 비디오 카메라에 담거나 그대의 목소리를 녹음하여 들어 보라. 평소 생각해 왔던 모습과 전혀 다른 그대가 거기에 있을 것이다. 그것이 고객에게 다가가는 그대의 모습이다. 이 때 그대의 약점과 강점을 냉정하게 판단하라. 그대의 모습을 정확히 알아야 보완해야 할 부분이나 강하게 부각시켜야 할 부분을 파악할 수 있기 때문이다.

2) 기본적인 감각을 배양하라

일정 수준의 안목을 키워야 그대를 독창적으로 디자인할 수 있고 이를 바탕으로 자기 계발이 가능해진다. 내면을 단련시키는 명상서나 패션 잡지 등을 자주 접함으로써 감각을 터득하는 게 중요하다. 필요하다면 전문가의 도움을 받아 보는 것도 훌륭한 방법이다.

3) 지속적으로 보완하라

그대의 단점과 장점이 파악되고 일정한 수준의 안목이 갖추어졌으면 직접 자신의 이미지를 만들어 가라. 진정한 자신의 내면적인 모습을 적절하게 표현하라. 자신 있는 부분은 계속 유지하고 부족한 부분은 지속적으로 보완하고 개선하라.

이미지 메이킹의 기본은 단정함 · 바른 자세 · 부드러운 태도이다

* 부드러운 첫인상을 만들어라.
* 항상 미소를 머금은 표정으로 일관하라.
* 깔끔하고 단정한 옷차림을 하라.
* 고객과 대화할 때는 눈빛으로 표현하고 고객의 눈과 입술 주변을 응시하라.
* 자신 있는 말투 · 적당한 속도의 표준어를 사용하라.
* 앉은 자세는 곧고 당당하고 가지런히 유지하라.
* 걸음걸이는 안정감 있게 구두 딛는 소리가 나지 않도록 사뿐히 걷고 신발을 끌지 마라.
* 자신만의 특징적인 제스처와 몸짓을 개발하되 보편성을 유지하라.

●● 그대는 조직의 이미지를 대표한다

그대가 상대하는 고객은 늘 그대로 인하여 회사의 첫인상을 느낀다. 따라서 언제나 단정하고 준비된 모습으로 고객을 맞이할 수 있어야 한다. 아침이든 오후이든 한결같아야 한다.

현장에서 하루 종일 고객과 응대하다 보면 하루를 시작할 때의 단정함이 다소 흐트러진다. 수시로 자신의 용모를 점검하여 처음 시작할 때의 단정함을 계속 유지하라. 결코 많은 시간이 소요되지는 않는다.

서비스 현장이라는 무대에서 그대의 역량을 충분히 발휘하려면, 그대의 개인 생활도 항상 단정하고 부드러운 태도를 유지해야 한다. 평소의 습관은 은연중에 나타난다. 오른손잡이가 왼손 동작을 부단히 연습하여 거의 오른손처럼 사용하게 되어도, 실제로 결정적 순간에는 자신도 모르게 오른손이 불쑥 튀어나오게 마련이다.

머리	- 청결한 상태를 유지하고 머리카락이 흘러내리지 않도록 단정히 정리한다. - 화려한 장식, 헤어핀, 머리띠 등은 삼가고 너무 심한 염색은 지양한다. - 남성은 옆머리가 귀를 덮지 않도록 하고 뒷머리는 셔츠의 깃을 덮지 않도록 하며 윤기 있는 머리 상태를 유지한다.
화장	- 건강미를 강조하면서 자연스럽고 부드럽게 화장한다.
손 · 손톱	- 적당한 손톱 길이를 항상 유지한다. - 매니큐어는 너무 화려하지 않은 색깔을 선택하고 청결함에 신경을 쓴다.
얼굴	- 찡그리지 않으면서 밝고 자연스럽게 웃는 표정으로 미소를 머금는다. - 말끔한 면도 상태를 유지한다. - 스킨이나 로션을 사용하여 푸석푸석한 모습을 보이지 않도록 한다.
이마	- 드러날 수 있도록 무스나 헤어 크림 등을 사용하여 빗어 올린다.
눈썹 코털 · 귀	- 단정하게 정리하고 청결을 유지한다
액세서리	- 심플하고 적당한 크기를 선택하여 자신을 돋보이게 한다. 너무 화려하지 않으면서 흔들리지 않는 고정형을 착용한다.

구두	– 청결함과 광택을 유지하고 발 크기에 적당한 사이즈를 착용하여 끌고 다니거나 너무 조이지 않도록 한다. 화려한 장식은 삼가고 의복에 어울리게 고른다.
양말	– 바지 색깔보다 진한 색을 착용하고 앉았을 때 속살이 보이지 않게 긴 것이 좋다.
유니폼	– 단정하게 다려져 있어야 하고 반드시 스타킹을 신는다. 명찰과 같은 부착물은 비뚤어지지 않게 착용한다.

평소 흐트러진 모습으로 지내다가 무대에 올라가면 바뀐다고 자신하는 사람들일수록 명심해야 한다. 결정적 순간에 갑자기 튀어나오는 작은 습관 때문에 지금까지의 좋은 인상을 일시에 무너뜨릴 수 있다는 사실을 깨달아야 한다.

고객에게 주는 그대의 이미지는 곧 그대가 속한 조직의 이미지를 표현하는 것이다. 그대의 이미지가 무뚝뚝하고 불친절하면 그대의 성품이 그러려니 생각하는 고객보다 그대의 회사가 거칠고 딱딱하다고 평가하는 고객이 더 많다. 긍정적이고 인상적인 이미지를 전달할 수 있도록 메이킹하라. 업무를 떠나서도 그대가 상대하는 모든 사람에게 긍정적이고 강력한 이미지를 전달할 수 있다면 그대의 이미지 메이킹은 성공적이다. 따라서 그대만의 이미지 계발을 중단하지 않아야 한다.

point

외적인 모습은 내적인 자신감과 합쳐져 시너지 효과를 창출한다.

눈을 맞추어라
EYE CONTACT

다른 이에게 그들이 원하는 것을 얻도록 도와 준다면 그대는 인생에서 모든 것을 가질 수 있다.

– 지그 지글러

"그녀는 아름다웠습니다. 하지만 그녀는 처음 내가 테이블에 자리했을 때 '안녕하십니까? 어서 오십시오' 라고 말하고 있었지만 나를 쳐다보지는 않았습니다. 식사 주문을 받을 때 한번도 나와 눈을 마주치지 않았습니다. 계속 식사 서비스를 할 때, 디저트를 주문했을 때, 디저트를 서비스할 때, 계산서를 가져다 줄 때까지 단 한 번도 저와 눈을 마주친 적이 없습니다. 처음에는 성격이 내성적인가 보다고 생각했습니다. 그러다 서비스에 자신이 없어서 그런가 보다고 생각했습니다. 나중에는 나를 무시한다는 생각이 들었습니다. 기분이 몹시 상했습니다. 결국은 내가 그녀를 외면하기 시작했습니다."

24

눈은 몸에서 마음을 가장 잘 드러내는 기관이다. 말과 함께 품고 있는 마음을 상대에게 가장 잘 전달하는 도구로 눈을 따를 게 없다. 때문에 예부터 '눈은 마음의 표현'이라고 말해 왔다. 눈은 단지 사물을 보고 인지하는 단순한 수동적 기능만을 가진 게 아니라, 마음속에 품은 감정을 표현하고 전달하는 능동적인 기능도 함께 지니고 있다. 흔히들 '눈으로 말한다'라는 것은 입으로 의사를 전달하는 것과 더불어 사람의 감정을 가장 잘 표현하는 기능을 가졌다는 뜻이다.

●● 일을 하는 중간에도 잠깐씩 눈을 맞추어라

서비스 현장에서 어떤 일을 하든 고객과의 눈맞춤을 소홀히 하지 말아야 한다. 고객과 대화를 나누거나 고객에게 무언가를 제공하는 중이거나 단순히 고객의 질문에 대답하는 중에라도 중간중간 반드시 고객과 'EYE CONTACT(눈맞춤)'을 시도하라.

고객의 눈에 눈을 맞추면서 그대의 일을 계속하라. 그것만으로도 고객은 그대가 고객에게 마음을 집중한다고 믿는다. 고객과 응대하면서 잠깐잠깐 시도하는 눈맞춤의 효과는 기대 이상의 효과를 가져다 준다. 이처럼 눈맞춤은 고객의 신뢰감을 쌓는 훌륭한 서비스 테크닉의 하나다.

고객과 눈을 마주치지 않으면서 고객과의 대화를 계속한다든가 고객을 응대한다면 고객으로부터 괜한 오해를 불러일으킨다. 마치 그대가 불만이 가득한 표정으로 일하는 중이라고 믿거나 짜증을 낸다고 짐작한다. 한편으로는 고객을 무시하는 태도로 비춰질 수도 있다. 그대가 어느 매장을 방문했을 때 아무도 쳐다보지 않고 자기 일들만 하고 있는 직원들에게서 느꼈던 감정과 같은 것이다.

현장에서 고객의 마음을 움직여야 하는 그대가 고객의 눈을 피하면서 일을 한다는 것은 상상할 수 없는 일이다. 누구나 이 같은 경험들을 가지고 있다. 누군가에게 화가 났을 때, 누군가와 다투고 난 후, 누군가를 무시할 때 상대에게 눈길을 주고 싶지 않았던 경험 말이다. 고객도 마찬가지이다. 고객의 시선을 외면하면 고객은 그대가 화가 났거나 고객을 무시하고 있다고 간주해 버린다.

●● 눈맞춤은 타고나는 것이다

영국 · 이탈리아 공동 연구팀은 서로 다른 사진 두 장을 생후 2~5일의 신생아에게 보여 주고 반응을 조사했다.

"시선을 피하고 있는 얼굴 사진과 앞을 직시하고 있는 얼굴 사진 두 장을 신생아들에게 각각 보여 준 결과 반응이 다르게 나타

났다. 신생아들은 시선을 피하고 있는 얼굴 사진보다 눈맞춤을 할 수 있는 직시 얼굴 사진을 더 오래 보았고 시선도 똑바로 앞을 향했다. 태어난 지 이틀밖에 안 된 신생아도 상대방이 자신을 똑바로 쳐다보면 이를 알아챈다. 신생아의 눈맞춤 감지 능력은 선천적이며 아마도 대인 관계를 형성하고 나중에 성장하여 사교적 능력을 발전시키는 데까지 이르게 한다."

눈으로 하는 의사 표현은 선천적 능력이다. 그래서 눈으로 하는 말은 거짓이 없다. 입에서 나오는 말보다 눈으로 하는 말에 신뢰의 무게가 더 느껴지는 것도 그 때문이다. 눈은 마음속에 있는 내면을 숨기지 못하고 표현한다. 말을 못 하는 갓난아기가 울고 있을 때 울음을 멈추게 하려고 엄마가 하는 가장 일반적인 처방은 먼저 아기와 눈을 맞추는 것이다. 통하지 않는 몇 백 마디 말보다 한번의 눈맞춤이 최선의 처방이다. 바로 엄마의 눈맞춤이 아기에게 두려움을 제거해 주고 편안함과 신뢰감을 안겨 준다.

우리 인간은 눈으로 의사를 전달하고 받아들이는 능력을 가지고 태어났기 때문에, 타인과의 눈맞춤을 통해 가장 자연스럽게 진심을 전달할 수 있고 상대를 이해시킬 수 있다. 고객과의 눈맞춤은 고객에게 편안함과 신뢰감을 동시에 부여한다.

●● 항상 준비하고 있습니다

그대가 서비스 현장에서 진행하는 일 중에 고객을 기쁘게 하는 역할을 최고로 친다면, 가장 중요하게 생각해야 할 일은 흡족하도록 고객을 배려하는 것이다. 고객과의 눈맞춤은 항상 '그대를 환영합니다. 언제든지 원하는 바를 말해 주십시오' 라는 의미가 된다. 고객이 혹시나 그대를 오해하는 일이 일어나지 않게 미

연에 방지하고 그런 불편한 마음이 생기지 않게 배려하는 서비스가 눈맞춤이다. 고객은 그대로부터 외면당하는 것을 탐탁하지 않게 생각한다. 눈맞춤 서비스는 고객에게 항상 '그대 곁에서 언제나 그대를 도와 줄 준비가 되어 있습니다' 라고 말하는 것일 뿐 아니라 '그대에게 집중하고 있으며 성의껏 그대를 위해 일하겠습니다' 라고 말하는 메시지가 된다.

● 눈맞춤은 대화와 함께 해야 한다

● 고객의 시선을 피하면 고객은 다음과 같이 반응한다.

_ 자신을 귀찮아한다고 생각한다.
_ 자신을 무시한다고 생각한다.
_ 그대가 전문가가 아니라고 생각한다.
_ 그대를 신뢰하지 못한다.

● 고객과 눈을 맞추어야 할 때

❶ 고객을 맞이할 때 : 환영의 뜻을 전한다.
❷ 서비스 중에 대화할 때, 무엇을 제공할 때, 물어볼 때
❸ 고객을 배웅할 때 : 감사의 뜻을 전한다.

눈맞춤 서비스는 입으로 하는 대화 서비스와 동시에 이루어져야 한다. 유창하게 고객과 대화를 하면서 눈은 바닥을 보거나 딴전을 피운다면 고객은 그대를 신뢰하지 않는다. 하지만 고객을 뚫

어지게 쳐다보기만 할 뿐 아무 말도 하지 않는 다면 고객은 그대를 어떻게 생각할까?

입으로 말하고 눈으로 그대의 진심을 전달하라. 눈맞춤은 그냥 쳐다보는 게 아니다. 눈을 마주치고 느낌을 주고받아야 하는 것이다. 그대의 눈빛에 자신감과 고객에 대한 진심을 담아야 한다. 그게 가능할 때 고객은 그대의 눈을 보며 확신을 가질 것이다. 눈맞춤은 고객에게 베푸는 최상의 서비스가 될 수 있다. 지금 당장 현장으로 달려가 깊고 맑은 눈빛으로 고객에게 그대를 심어 주어라. 그리고 부드러운 눈빛으로 그대의 서비스를 마무리하라.

point

고객의 눈 속에서 오늘 그대가 제공한 서비스의 결과를 읽어라. 고객이 밝게 웃으며 기쁘게 응답할 경우 오늘 그대의 서비스는 성공적이다.

03 대화의 시작은 듣는 것이다

> 군자는 타인의 장점을 말하고 단점을 말하지 않는다. 반대로 소인은
> 타인의 장점은 말하지 않고 단점만 말한다.
>
> — 공자

고객과의 대화는 제공중인 서비스를 훌륭하게 만들 수도 있고 형편없이 바닥으로 떨어뜨릴 수도 있다. 현장 서비스 요원들에게 대화법은 서비스의 질을 좌우하는 아주 중요한 분야이다. 품위 있고 질 높은 대화는 고객의 만족을 한 단계 상승시키는 역할을 하지만, 잘못 던진 말 한 마디는 지금까지 쌓아 올린 모든 노력을 한순간에 물거품으로 만들어 버릴 수 있다. 대화를 성공적으로 이끄는 능력이야말로 그대의 일을 성공할 수 있게 도와 주는 최고의 무기이다. 탁월한 대화 기법은 고품질 서비스를 추구하는 고객 서비스 담당자가 반드시 익혀야 할 필수 종목이다.

●● 대화는 말만으로 하는 것이 아니다

대화란 쌍방이 서로의 의사를 교환하는 수단이다. 자기 의사를 상대방에게 전달하는 데 대화보다 더 좋은 방법은 아마 없을 것이다. 하지만 의사 소통이란 굳이 언어의 전달만을 의미하지 않는다. 연구 결과에 따르면 의사 소통을 할 때 BODY LANGUAGE를 통하여 화자의 내용을 알아차리는 경우가 55%, 말하는 어투를 통하여 38%, 실제 말속의 단어를 통해서는 불과 10% 미만이라고 한다. 상호 공감대 형성과 신뢰감 구축을 위해서는 신체가 55%, 음성이 38%, 언어는 불과 7%의 역할밖에 하지 못한다고 한다.

연구 결과가 말해 주듯이 멋진 대화를 구사한다는 것은 말만 잘한다는 사실을 의미하지 않는다. 말하면서 자연스럽게 나오는 몸짓, 분위기, 말하는 속도, 목소리의 높고 낮음 등 모든 것이 함께 상대방에게 전달되어야 말하는 사람의 의도가 보다 정확하게 전달된다. 대화는 언어와 몸짓, 말투, 분위기, 상대를 배려하는 마음 등이 적절히 조화를 이루어 서로의 이해를 도모하는 것이다.

●● 대화의 주도권을 고객에게 주어라

낯선 사람과의 대화에서 가장 어려운 점은 대화의 물

꼬를 트는 일이다. 처음 마주하는 사람에게 먼저 말을 붙이는 게 쉬운 일은 아니다. 더욱이 그대가 내성적인 성격의 소유자라면 아마 죽기보다 어려운 일일 수도 있다. 먼저 말을 붙이는 것도 어렵지만 말을 붙여 온 상대방에게 적절히 응답하는 일도 어렵기는 매한가지다.

일반적으로 낯선 사람이 말을 붙여 오면 본능적으로 경계를 하게 된다. 대화를 받아 줄 마음의 준비가 되어 있지 않은 탓이다. 이런 측면에서 서비스 담당자인 그대는 고객과의 대화를 쉽게 유도해 낼 수 있는 유리한 위치에 있다. 서비스 담당자는 언제 어디에서나 능동적으로 접근하여 고객과 대화를 시도해도 전혀 어색하지 않고 이상한 행동으로 비춰지지 않기 때문이다.

서비스 요원들은 고객에게 쉽게 다가가서 말은 붙이는 게 가능하다. 아니, 그대가 먼저 말을 걸어야 하는 게 정상이다. 대화의 시작은 고객의 존재를 인정하면서 시작된다. '안녕하십니까?' 처

럼 간단한 인사나 '고객 님'과 같은 호칭으로 고객의 존재를 인정하는 것이다. 이렇게 시작된 대화는 고객이든 그대이든 누군가 한쪽에서 주도적으로 대화를 이끌어 나가기 십상이다.

이 경우 대화의 주도권을 가능한 한 고객에게 넘겨야 한다. 비록 대화의 시작은 그대가 시도해야 하지만, 고객이 대화를 주도하도록 배려하는 것이 올바른 대화 서비스다. 물론 선천적으로 말을 잘 하거나 사교적인 성격이어서 항상 돋보이게 대화를 끌고 가는 사람들이 있다.

하지만 현장에서는 말을 잘 하고 대화를 주도적으로 이끌어 가는 서비스 요원의 능력이 요구되지는 않는다. 고객의 말을 얼마나 잘 들어 주는가 하는 것이 필수적이다. 다만 대화의 물꼬를 트거나 도중에 대화가 어색하게 끊어지면 적절하게 연결시키거나 말하기 곤란한 주제를 부드럽게 다른 방향으로 전환시키는 기술이 필요할 따름이다.

●● 기분 좋은 주제를 선택하라

고객과 대화할 때는 날씨나 건강처럼 가벼운 주제로 즐거운 대화를 나누는 것이 좋다. 즐거운 대화를 계속하다 보면 그대는 만나서 기분 좋은 사람이 되고 그대와의 만남은 즐겁고 멋진 기억으로 남게 된다. 즐거운 기억은 그대를 다시 만나고 싶은 사람으로 인식하게 만든다. 상대방이 기분 좋게 얘기를 할 수 있도록 만드는 일은 아무나 할 수 있는 건 아니다. 현장 서비스 요원들의 능력이요, 계발해야만 하는 현장 서비스 기술이기도 하다.

사람들은 대부분 자기 본위이기 때문에 자신에 대하여 얘기하기를 좋아한다. 자기와 관련되지 않은 분야에 대한 지식이 깊지 않을 경우가 많기 때문에 주로 자신이 있는 분야의 얘기를 하게 되면 자신감 넘치고 활발해진다. 특히 상대방이 자랑스럽게 생각하는 일, 즐겁게 생각하는 일, 좋아하는 일을 주제로 삼아 대화를 진행하면 더욱 많은 시간을 할애할 수 있다. 하지만 현장에서 특정 고객과 너무 오랜 시간 대화를 계속하는 것은 다른 고객들에게 피해를 줄 우려가 있으므로 적절한 시간 안배도 필요하다.

●● 고객의 말은 이렇게 들어라

서비스 현장에서 대화를 나눌 때 그 기본은 경청이다. 고객이 던지는 말을 끝까지 충분히 진실하게 들어 주는 일이 대화의 바탕이다. 우리가 대화의 기본 1, 2, 3원칙에서 알 수 있듯이 올바른 대화란 한 번 말하고 두 번 들어 주고 세 번 이상 맞장구를 치는 것이다.

어느 항공사의 면접 시험에서는 면접관이 응시자들에게 어떤

주제를 주고 대화를 하도록 주문한다고 한다. 그들의 대화하는 모습을 지켜보며 채점한다. 그런데 실제로 면접관들의 관점은 말을 잘하는 응시자를 고르는 게 아니라 상대방의 말을 얼마나 잘 듣고 있는가 관찰한다는 것이다. 화술이 뛰어나서 대화를 성공적으로 이끄는 것도 물론 중요하지만, 서비스 현장에서 필요한 대화는 얼마나 고객의 말을 잘 들어주는가 하는 것이 중요하기 때문이다.

고객과의 대화에서 고객이 충분히 말할 수 있도록 배려하고 고객의 말을 집중하여 경청하는 것만으로도 좋은 서비스가 될 수 있다. 고객은 자기 말이 경청된다는 사실에 흡족해 할 것이다. 따라서 그들에게 자신의 말이 경청된다고 느끼도록 만들어 주어라.

경청하는 동안 가끔 고개를 끄떡이며 그대가 말을 이해하고 있다는 사인을 보내라. 고객은 더욱 신이 나서 얘기할 것이다.

1) 고객의 말을 끊지 마라

침묵하거나 고객이 말하는 동안 딴전을 피거나 이야기를 중단시키고 중간에 끼어 드는 일은 절대로 지양해야 한다.

2) 고객이 말할 때는 마음으로 들어라

그대의 시선을 넥타이나 코끝에 맞추고 가능한 한 메모하면서 고객의 입장에서 들어라. 고객이 충분히 이야기한 뒤 대화가 끝나면 분명 기분 좋은 포만감을 느낄 것이다.

●● 칭찬으로 시작하고 감사로 마무리하라

충분히 들었으면 이제 그대가 말하라. 감사와 칭찬으로 말문을 열어라. 누구든 칭찬을 싫어하는 사람은 없다. 칭찬이란 상대의 좋은 점을 부각시켜 알려 주는 성격이다. 결코 근거 없는 아첨이나 공치사하고는 근본적으로 다르다. 칭찬은 아무리 하여도 지나치지 않다.

사람은 누구나 자기를 인정해 주는 사람에게 호감을 갖게 마련이다. 칭찬은 상대의 존재를 인정하는 데서 비롯되는 예우다. 칭찬할 때 자연스런 분위기에서 진심으로 근거 있는 핵심을 띄워 주어라. 괜히 속이 훤히 들여다보이는 직접적인 내용을 언급하기보다는 간접적으로 말하되 절대 지나치지 않도록 칭찬하라. 고객은 즐거워할 것이다.

　고객에게 말할 때는 입으로만 말하지 말고 충분히 고객의 입장을 고려해서 마음으로 얘기해야 하며, 딱딱하고 투박한 말씨보다는 부드럽고 절제된 용어를 사용하도록 해야 한다. 때때로 누구나 이해할 수 있는 유머를 섞으면 분위기가 더욱 부드러워질 것이다.

　말하고자 하는 바를 중심으로 정확하게 요점을 정리하여 얘기하고, 대화가 지루하지 않도록 많은 시간을 고객에게 할애하라. 말은 너무·빠르지 않도록 적당한 속도를 유지하고, 쉬운 일상 용어를 사용하면서 가능한 한 전문 용어를 지양해야 한다. 특히 대화의 분위기에 어울리는 가벼운 몸짓은 의사를 명확히 전달하는 데 아주 효과적이다.

　고객과의 서비스 대화는 감사로 마무리하라. '시간을 할애하여 주셔서 감사합니다. 좋은 말씀 많이 들었습니다' 로 감사를 표현하고 다음을 기약하라. 고객 만족의 대화는 경청하는 것으로 시작하여 칭찬과 감사로 끝을 맺어라. 이러한 대화 기법은 고객의 하루를 행복하게 만들어 줄 것이다.

●● 대화를 준비하라

　품위 있고 재치 있는 대화를 위해 풍부한 화제를 꺼내려면, 깊은 교양과 다양한 취미, 넉넉한 지식 등을 갖추어야 한다. 올바른 대화법의 기본은 독서에 있다. 유창하고 능숙한 말솜씨를 갖기 위해서는 풍부한 어휘력이 필요하다. 이 때 책읽기가 큰 힘이 되기 때문이다. 대화에 꼭 필요한 유머 감각 역시 자신감과 지식에서 비롯된다.

프로 서비스맨의 고품질 대화 서비스는 다양한 분야의 지식 습득에서 비롯된다. 그런 측면에서 그대는 현장 서비스 기술을 배양하는 데 노력을 아끼지 말아야 한다.

● 고객 응대시 대화의 POINT

_ No라고 말하지 않는다. 부득이 NO라고 해야 한다면 반드시 대안을 제시한다.

_ 부정적인 표현은 의뢰형으로 한다.

_ 고객의 수준에 맞는 표현을 사용한다.

_ 내국인 승객에게 외국어, 전문 용어는 가능한 한 사용하지 않는다.

_ 알아듣기 쉬운 Speed와 적절한 Tone으로 이야기한다.

_ 고객의 말을 잘 듣고 정확히 이해하는 Sense를 키운다

_ 고객 앞에서는 직원들 상호 간에 존칭어를 사용한다.

미소, 최고의 서비스 언어다

웃어라. 세상도 그대와 함께 웃는다. 울어라! 그러면 그대 혼자 울게 된다.

– 엘라 월러 윌콕스

미소란 만물의 영장인 사람만이 가지고 있는 특권적 표현법이다. 이 귀한 하늘의 선물을 올바로 이용하는 것은 사람이다. 문지기에게도, 심부름꾼에게도, 도우미에게도, 그 밖에 누구에게나 미소를 지었다는 이유로 손해를 보는 법은 없다. 미소는 일을 유쾌하게, 교제를 명랑하게, 가정을 밝게 만들 뿐만 아니라 장수까지 보장한다.

– D. 카네기

지구상에서 웃을 수 있는 것은 사람뿐이다. 보석들은 빛에 의해서 반사된다. 그러나 다이아몬드의 반사가 눈의 반사와 미소의 반사에 어떻게 비교가 된단 말인가? 꽃들은 웃을 수가 없다. 오직 인간만이 웃을 수 있다. 웃음은 세 가지 요소인 사랑, 명랑성, 기쁨에 근거한 것이다. 가정이든 대기실이든 웃음은 우리의 마음을 가볍게 만든다. 웃음이 없는 얼굴은 꽃을 피우지 못하는 봉오리와 같다. 그 봉오리도 언젠가는 줄기에서 말라죽을 것이다. 웃음은 빛이요 찡그림은 암흑이다.

–헨리 워드비처

40

●● 일단은 미소를 지어라

좋은 서비스를 위해 가장 필요한 게 무엇인가?

그렇게 질문하면 대부분의 사람들이 '친절과 미소'라고 답하는데 주저하지 않는다. '친절과 미소'가 곧 서비스의 대명사로 인식되어 있다. 그 만큼 '친절과 미소'는 서비스의 기본이고 좋은 서비스의 수행에 필수 불가결한 요소들이다. 그 중에서도 미소는 가장 강력한 서비스 무기이다.

서비스 담당자에 대한 고마움이나 감동을 적어 보내는 고객 서신의 내용을 살펴보면 거의 모두 서비스 요원들의 부드러운 미소와 밝은 표정에 대해 언급하고 있다. 고객의 마음을 움직이려면 뭐니뭐니해도 일단은 미소를 짓고 봐야 할 것 같다. 고객 만족 서

비스의 매직 박스를 열면 그 안에는 틀림없이 상냥한 미소, 부드러운 미소, 밝은 미소가 바닥에 깔려 있다.

인간의 표정은 수천 가지가 넘는다고 한다. 그 중에서 가장 아름다운 것은 미소짓는 모습이라고 했다. 미소는 상대를 즐겁게 해 줄 뿐만 아니라 그대 자신도 편안하게 만들어 준다. 기분이 좋지 않거나 마음이 울적할 때 의식적으로 미소를 지어 보아라. 금방 엉킨 마음이 풀어질 것이다. '웃음은 복을 준다' '웃는 얼굴에 침 못 뱉는다' 는 속담도 있지 않은가.

기회만 있으면 웃음과 미소를 실천하라. 많이 웃고 즐겁게 미소 지어라. 웃음은 주위 사람들을 즐겁게 할 뿐 아니라 그대 자신도 즐겁게 만들어 준다.

●● 의식적으로라도 웃어라

양질의 서비스를 제공하기 위해 그대는 항상 친절한 매너를 유지하려고 노력할 것이다. 친절하고 부드러운 고객 응대는 반드시 밝은 표정과 부드러운 미소에서 나오고, 밝은 표정과 부드러운 미소는 즐겁고 편안한 마음에서 비롯된다. 하지만 항상 웃을 일만 생긴다면 얼마나 좋겠는가? 때때로 슬픈 일도 기분 나쁜 일도 일어난다. 그러나 고객과 접촉하고 있는 그대가 마음이 울적하거나 기분이 우울하다고 해서 마냥 우울해 있을 수만은 없지 않은가?

기분이 우울할 때 의식적으로라도 소리내어 웃어 보아라. 이상할 만큼 울적한 느낌은 사라지고 밝고 기분 좋은 느낌이 온몸에 퍼질 것이다. 프로 서비스맨은 자기를 연출할 줄 알아야 한다. 마인드 컨트롤을 통해 웃음과 미소를 관리할 수 있는 능력을 배양해야 한다.

한국인이 미국에 최초로 이민한 지 100년이 되었다고 해서 이민 100년을 기념하기 위한 여러 행사들이 곳곳에서 펼쳐진 적이 있었다. 신문지상이나 각종 매스컴에서 이와 관련하여 각종 기념 공연이나 사진전 등을 주관했었다. 그 중에서 초기 이민자들의 어려웠던 시절과 고난의 과정을 담은 내용을 소개하는 글이나 사진들이 아주 인상 깊었다. 초기 이민자들에 대한 현지인들의 첫인상을 표현하는 내용 중에 이런 것이 있었다.

Tip

"낯선 땅에 이민을 간 초기 이민자들의 대부분에게 새로운 환경과 더불어 가장 적응하기 어려웠던 것은 낯선 외모의 현지인들과 사귀는 일이었다. 생경한 얼굴 모습, 피부 색깔, 장대한 체격의 현지인들과 마주치는 것 자체가 커다란 두려움이었다. 특히 어두운 밤에 덩치 큰 흑인들과 마주치는 것이 가장 무서웠다고 술회한다. 그런데 나중에 알게 된 사실이지만 흑인들이 가장 두려워한 사람들은 오히려 표정 없이 무표정하게 쳐다보는 한국인들이었다는 사실이다. 현지인들

> 과 친해지고 지난 일들을 털어놓는 자리에서 현지인들의 이민자들에 대한 첫인상은 피부 색깔이나 외모에 있었던 것이 아니라 표정 없는 얼굴 모습이었다고 한다. 무표정이 가장 상대하기 어려운 벽이었다는 것이다."

아무런 표정이 없는 얼굴 모습 그 자체가 상대에게 커다란 위협이다. 차라리 우는 모습이나 찡그리는 표정이 더 인간적일 수도 있다. 우리는 어떤 표정이든 자유롭게 연출해 낼 수 있다. 찡그린 표정을 연출하는 데 필요한 얼굴 근육보다 웃는 모습에 사용되는 얼굴 근육 수가 훨씬 작다고 한다. 쉬운 방법을 택하자. 찡그리고 우는 표정보다는 웃거나 미소짓는 표정이 훨씬 손쉽다는 사실을 기억하자.

●● 미소에 진심을 담아라

웃음이 그대의 주변 분위기를 곧장 유쾌하고 밝게 만든다면, 미소는 연못 속의 잔잔한 물결처럼 서서히 고객의 마음 속에 전달되어 편안함과 안락함을 안겨 준다. 밝은 웃음이 남성적이라면 부드러운 미소는 여성적인 요소를 내포하고 있다.

미소란 웃음보다는 소극적인 표현임에도 불구하고 주위에 퍼지는 영향은 어쩌면 웃음보다 훨씬 클 수 있다. 웃음은 대체로 즉흥적이지만 미소는 의도적이다. 관리하고 개발할 필요가 있는 것도 그 때문이다.

어렵고 힘든 상황에서도 한결같이 피어오르는 서비스 전문가들의 미소를 보아라. 이 얼마나 아름다운 모습인가? 피곤하고 지친 고객의 심신을 무더운 한여름의 시원한 청량제처럼 그대와 동료들의 부드러운 미소가 말끔히 치유해 준다면 이보다 더 좋은 서비스는 없을 것이다. 그대의 상쾌한 웃음과 편안한 미소가 불편하고 언짢은 고객의 마음과 정신을 씻어 준다면 이것이 곧 우리가 추구하는 고객 만족 서비스가 아닐까?

항상 밝은 표정과 아름다운 미소를 실천하고 싶거든 언제나 고객의 마음을 헤아리고 고객을 생각하는 마음에 진심을 담아라. 미소는 가장 전염성이 강하다. 그대가 미소지으면 즉시 고객에게 전염된다. 미소를 무한정 퍼트려라. 공기 속에, 그대의 주변 모두에게, 고객의 깊은 마음 속에까지….

아이들의 웃음을 보아라. 그대는 그 아이들의 웃음에 미소로 답한
경험이 있을 것이다. 그 순간 그대는 가장 순수하고 깨끗한 느낌을
받았을 것이다. 어색하지도 부끄럽지도 않게 마음속에서 자연스레
우러나오는 그대로를 말했을 것이다. 이처럼 미소란 마음의 여운을
그대로 간직한 채 진심을 담아 보낼 때 가장 효과적이다. 고객에게
그대의 진솔한 마음을 그대로 표현하라. 미소는 어떤 메시지보다도
강력한 의사 전달 도구가 된다.

05 자세를 낮추어라

사람은 자기가 준 것에 대해서는 하나의 눈을 가지고 있지만 받을 것에 대해서는 일곱개의 눈을 가지고 있다

– 독일속담

"저 손님 도대체 왜 저럴까?"

"손님, 별일도 아닌데 왜 이렇게 화를 내십니까?"

"손님 미리미리 준비를 해야지요. 지금 와서 이러시면 어떻게 합니까?"

"상식적으로 이해가 안 되잖아."

고객이 흥분하는 모습을 보고 그대도 곧잘 이렇게 대응하지 않는가? 혹은 그대의 농료들이랑 이런 식의 내화를 나누고 있지는 않은가? 만약에 그렇다면 그대는 어렵게 방문한 고객을 쫓아내는 데 일익을 담당하고 있는 셈이다. 현대의 서비스는 단지 고객의 비위를 맞추거나 그들의 욕구를 충족시켜 주는 정도로는 부족하다. 고객의 어려움을 이해하고 아픔을 같이 나누어야 한다.

고객과 즐거움을 함께 하고 고객의 생활 속에 파고들어 고객의 삶에 영향을 끼칠 수 있어야 한다. 흥분한 고객의 입장을 사려 깊게 파악하려 하지 않고, 고객을 사소한 일에 흥분하는 존재로 치부해 버리거나 비상식적인 존재로 간주한다면 이는 바른 서비스맨의 자세가 아니다.

●● 눈높이를 맞추어라

초등학생 소년과 선생님이 미술관에 전시된 그림 앞에 나란히 서서 그림을 감상하고 있다. 소년이 그림에 대해 묻고 선생님은 열심히 설명하고 있는 듯이 보인다. 소년은 잘 이해가 되지 않는지 고개를 갸우뚱거린다. 그러자 선생님은 무릎을 굽혀 자세를 낮추고 소년의 눈높이에 자신의 눈을 맞춘다. 소년과 같은 눈높이에서 그림을 감상하면서 다시 소년과 그림에 대해 이야기하기 시작한다."

Tip 어떤 CF의 한 장면이다. 소년의 눈높이에서 보는 그림은 어떤 모습인지 직접 체험하고 같은 위치에서 공감대를 형성하고자 하는 선생님의 능동적인 자세를 표현하는 내용이다. 사실 선생님의 눈높이에서 보는 그림의 모습과 어린 소년의 위치에서 바라보는 그림의 모습은 상당한 시각적 차이가 있다. 직접 소년과 눈의 위치를 맞추고 같은 시각으로 같은 경험을 할 때, 소년의 눈에 비친 그림이란 어떤 모습인지 확연해진다. 진정으로 어린 소년의 입장에서 느끼고 말하고 상상할 수 있는 것이다.

이제는 수많은 서비스 현장에서 고객 만족의 수단으로 서비스 담당자가 고객의 입장에서 생각하고 행동하기를 요구한다. 바로 눈높이 서비스다. 고객의 위치에서 고객의 입장이 되어야 고객의 마음을 읽어낼 수 있고 고객이 원하는 바를 정확하게 파악할 수 있다는 뜻이다.

●● 외형적인 눈높이 서비스

가시적으로 '고객과의 눈높이를 맞추려' 노력하고 있습니다' 를 보여 주는 것이다. 그대도 무릎을 굽혀 자세를 낮추는 일부터 시작하라. 외형적으로 고객보다 아래에 위치하여 고객이 위로 쳐다보는 불편함을 해소히고 대화하기 편안하게 배려하는 것이다. 다시 말해, 고객의 눈높이에서 보는 모습을 직접 경험하겠다는 의도다. 실제로 그대는 이런 서비스를 통해 고객을 좀더 깊이 알게 되는 계기가 된다. 최근 서비스 현장에서 시행되고 있는

'자세 낮추어 주문 받기'나 '고객과 대화할 때 한쪽 무릎을 굽히고 앉은 자세를 취하는 것'이 바로 눈높이 서비스의 일환이다.

크리스마스 이브. 거리는 휘황찬란한 불빛과 장식들로 화려하기 그지없다. 백화점들은 선물을 사러 나온 사람들로 발 디딜 틈이 없다. 다섯 살 아이와 함께 크리스마스 선물을 장만하기 위해 백화점에 나온 엄마는 화려한 크리스마스 장식들과 음악 소리, 백화점 안의 들뜬 분위기에 한껏 도취되어 있다.

하지만 엄마의 손을 잡고 따라다니던 아이는 계속해서 짜증을 내더니 결국은 울어 버린다. 엄마는 아이의 짜증에 이해가 되지 않는다는 듯이 아이를 구박한다.

"너, 도대체 왜 그러니? 이렇게 아름다운 장식이랑 불빛들이 멋있지 않니? 너에게는 저기 반짝이는 크리스마스 트리의 불빛이 보이지 않아? 산타할아버지는 더욱 재미있어 보이는데 왜 이렇게 짜증을 내고 떼를 쓰는지 엄마는 도무지 이해할 수 없구나."

하지만 엄마는 모르고 있다. 아이의 눈높이에서는 백화점의 눈부신 보석 진열대도 크리스마스 트리의 화려한 장식도 보이지 않는다. 오직 지나가는 사람들의 엉덩이와 바삐 움직이는 구두들만 보일 뿐이란 사실을….

아이를 달래기 위해 한번이라도 무릎을 굽히고 아이와 눈빛을 주고받았다면, 그리고 그 때 비춰지는 주위의 모습을 본다면 아이의 마음을 충분히 이해할 수 있었을 것이다. 눈높이를 함께 하고 같은 위치에서 모든 것을 느끼고 상상할 때만이 그가 처한 상황은 어떤지, 그의 입장에서 지금 무엇이 보이는지, 무엇이 느껴지는지 정확하게 체험할 수 있다.

●● 내면적인 눈높이 서비스

내면적인 눈높이 서비스란 외형적인 눈높이 서비스에서 한발 더 나아가 모든 형식과 격식을 떠나서 실질적으로 고객에게 알맞은 '맞춤 서비스'를 제공하고자 하는 것이다. 고객의 관점에서 생각하고 고객에게 좀더 가까이 다가가서 고객이 원하거나 필요로 하는 아주 미미한 부분까지 해결하려는 세심한 자세이다. 고객 개개인의 성향, 주변 상황, 시점에 따라 적절한 서비스를 제공하는 것이다.

현장 고객은 곧 그대의 존재 이유가 된다. 고객을 충분히 이해하고 고객과 어려움을 함께 해결하려는 마음가짐으로 고객을 상대해야 하는 것은 당연한 일이다. 고객이 흥분한 상황이 벌어지면 왜 고객이 이렇게 흥분하는지, 무엇이 고객을 이렇게 화나게 만들었는지, 고객의 입장에서 차근차근 다가가 고객과 함께 대처해 나가겠다는 자세로 접근해야 한다. 고객과 같은 시각으로 현상을 직시해야 한다. 비록 그대가 불가피하게 원하는 만큼 해결하지 못하더라도 그대가 고객을 깊이 이해하고 고객의 얘기를 끝까지 들어주고 마음으로 동감한다는 사실 그 자체만으로도 고객은 고마움을 느낀다.

> **Tip**
>
> 고급 레스토랑에 처음 초대받은 사람이 있다. 그 사람은 이제까지 단 한 번도 레스토랑이란 이름의 서양 음식점을 이용해 본 경험이 없다고 하자. 이럴 때 고급 레스토랑의 격식 있고 정중한 서비스가 과연 이 고객에게 최고의 서비스가 될 수 있을까? 하는 의문이 생긴다. 어쩌면 이 고객의 경우 고급 레스토랑에서 앉아 식사하는 시간이 고통스러울 수도 있다. 아주 낯선 곳에서 생전 경험하지 못한 일을 당하고 있을 경우, 아무리 주위를 둘러보아도 그대에게 익숙한 그 어떤 것도 발견할 수 없었을 때, 그대가 느꼈던 성격의 고통이다.

이 고객은 괜히 조심스러워지고 주변에 신경만 쓰일 뿐이다. 이러한 고객에게 시종일관 일방적으로 너무나 정중하고 격식 있는 서비스를 계속 제공한다면 그것이 최고의 서비스가 될 수는 없다. 서비스가 아무리 고급스러워도 제공받는 당사자가 전혀 편안하지 않고 그 자리가 어색하다고 느낀다면, 까다롭게 격식을 차리고 지나치게 고급스럽게 포장된 서비스는 오히려 최악의 서비스가 될 수도 있다. 다소 그 장소와 어울리지는 않더라도 약간은 격식을 생략하고 너무 지나치게 정중한 응대보다 친숙함이 돋보이는 서비스가 고객을 훨씬 편안하게 만들어 줄 수도 있다. 이처럼 드러내지 않고 자연스럽게 고객과 상황에 따라 맞춤식으로 고객을 배려하는 서비스가 실질적인 눈높이 서비스라고 할 수 있다.

●● 고객의 입장을 이해하라

고객 서비스는 고객의 입장에서 사고하고 이해하고 상상하면서 고객의 시각으로 출발해야 한다. 고객을 가장 편안하게 배려하려면 고객을 가장 정확하게 파악하고 이해하는 것이 기본이다. 고객을 가장 잘 이해하는 방법은 완벽하게 고객의 입장에서 생각하고 행동하는 것이다. 고객 만족은 바로 고객의 입장에서 고객을 이해하고 고객의 시각으로 바라보는 자세에서 시작된다. 서비스맨이 고객의 입장이었을 때의 경험을 상기해 본다면 고객을 이해하기가 한결 쉬워진다.

'저 손님 도대체 왜 저렇게 나오지' 라고 비난하기 전에 '나라도 그랬을 거야' 로 바꾸어라. '손님, 미리미리 준비를 해야지요. 지금 이러시면 어떻게 합니까?' 는 '손님, 지금이라도 생각이 나셔서 다행입니다. 지금 바로 해결해 드리지요' 로 바꾸어라.

고객이 처한 상황을 충분히 공감하고 해결하려는 열의와 열정을 표현하라. 그런 정성을 기울일 때 '손님, 별일도 아닌데 왜 이렇게 화를 내십니까?' 하고 전혀 이해가 안 된다는 표정으로 고객을 상대하기보다는 '네, 손님, 그런 일이 있었습니까? 죄송합니다. 아무도 그것을 알려 드리지 않았군요. 제가 빨리 조치를 하겠습니다' 로 바뀌게 될 것이다.

●● 맞춤 서비스를 펼쳐라

정중한 서비스를 제공해야 할 때가 있고, 친근감 있는

서비스를 제공해야 할 때도 있다. 때로는 최고급 서비스를 원하는 고객을 만날 경우도 있고, 감각적인 서비스를 원하는 고객을 응대할 경우도 있다. 권위를 중시하는 정치인이라면 정중한 서비스가 어울릴 것이고, 감각 넘치는 예술인들에겐 품격 높고 감각적인 서비스가 기호에 맞을 것이다. 어린이나 연세가 많은 이들에게는 가족처럼 상대하는 친숙하고 친밀한 서비스가 더 어울릴 것이다.

아무리 고급스럽고 정중한 서비스일지라도 제공받는 고객의 특성이나 처한 상황을 염두에 두지 않고 일방적으로 이루어진다면 결코 고급 서비스라고 말할 수 없다. 눈높이 서비스는 고객에 따라, 상황에 따라, 시간에 따라, 그 수준에 알맞은 자연스런 서비스를 펼치는 것이다.

외형적인 눈높이 서비스이든 내면적인 눈높이 서비스이든 궁극적인 목표는 고객 만족에 있다. 진정으로 고객에게 편안함과 만족을 줄 수 있도록 적절히 어우러져야 상승 효과를 발휘할 수 있으며 최고의 결과를 얻어낼 수 있다. 이것이 최상의 서비스를 연출하는 지름길이다. 서비스를 제공받는 고객이 마음속으로 '이 사람들이 진정으로 나를 생각하고 배려한다' 는 생각이 들도록 만들었다면 그대는 최고의 서비스를 훌륭히 수행한 것이다.

"…요"가 아니라 "…입니다"이다

거슬린 말이 나가면 역시 거슬린 말이 돌아온다.

– 대학

　대화를 통해 그대의 의사를 전달하면서 고객의 생각하는 바를 전해 듣고 고객의 생각을 파악한다. 적절한 대화는 그대와 고객 모두를 이해시키지만 잘못된 의사 전달은 뜻하진 않게 오해를 불러 일으켜 고객의 화를 돋우기도 한다. 말 한 마디로 고객을 기분 좋게 혹은 짜증스럽게 만들기도 한다. 서비스 현장에서 그대가 사용하는 말은 이렇게 고객의 감정을 자극하는 가장 직접적인 요소로 작용한다. 따라서 고객과 주로 대화를 하는 서비스 현장에서 사용되는 말은 각별히 주의해야 한다.

　고객과 대화할 때 나름대로 장소, 시간, 고객에 따라 알맞아야 한다. 친구 사이에 격의 없이 함부로 쓰는 언어를 격식을 차려야 하는 협상의 자리에서 사용하면 곤란하다. 아침에 던지는 인사말을 저녁에 하면 어색하고, 아랫사람에게 쓰는 투의 말을 하면 고객을 무시한다는 오해를 사기 쉽다. 고객에게 사용하는 말은 적재적소에 알맞게 구사되어야 고객의 신경을 건드리지 않고 그대의 품위를 유지할 수 있다.

●● 존경어를 사용하라

삶에 있어 언어는 우리가 살아가는 데 필수적으로 갖추어야 하는 의식주만큼이나 중요하다. 이점 아무도 반론을 제기하지는 못할 것이다. 인간은 사회적 동물이기 때문에 수없이 많은 사람들을 접촉하고 있다. 끊임없는 대화를 통해 자신의 생각을 전달하고 상대방의 생각을 전달받으며 살아간다. 사람과 사람의 만

남이라는 사회 활동을 통해 다양한 관계를 형성하고 있다. 이 때 대화를 통한 효과적 의사 소통은 매우 중요하다.

현장에서 고객을 수없이 만나야 하는 입장이라면 사용하는 어휘를 신중히 선별해야 한다. 적절한 대화와 정중한 고객 응대가 가능하도록 충분히 준비하라. 고객은 소중한 사람이다. 고객에게 부적절한 말을 사용하면 소중한 사람을 잃게 되는 결과를 초래하기도 한다. 멋진 언어 서비스는 기본적으로 고객을 존중하는 언어의 선택에서 비롯된다.

우리말의 경우 상대를 공경하고 존중하는 경어법이 잘 발달되어 있다. 상대방을 자기보다 높여 주는 '존경어'와 자기를 낮추고 상대방을 높여 주는 '겸양어'가 있다. 고객에 대한 응대는 이렇게 존경어와 겸양어로 시작하여 마무리해야 한다.

● **존경어**

… 선생님, … 귀하, … 님, … 여사, … 댁, 진지, 말씀, 성품.
… 께서, … 하십니다, 주무시다, 계시다, 잡수시다, 돌아가시다.

● **겸양어**

저희들, 저희, 소생, 귀사, 저, 연세, 말씀, 병환, 어미.
여쭙다. 뵙다. 모시다. 드리겠습니다.

고객과의 대화에서는 이런 존경어와 겸양어를 적절하게 구사

58

하여 공경의 마음을 잘 표현해야 한다.

●● 고객에게 마음으로 말하라

고객을 마주 보고 응대하는 서비스 현장 요원들은 고객과 많은 대화를 나눈다. 기본적으로 고객을 존중하는 마음이 바탕이 되어야 질 높은 언어 서비스를 베풀 수 있다. 일반적으로 대화란 입으로 말하고 귀로 듣는 것이 전부라고 오해한다. 하지만 실질적으로 상호 간의 의사 소통을 가능하게 하는 것은 입과 귀가 아닌 마음이다.

더욱이 고객을 응대하는 서비스 제공자는 입과 귀를 통한 대화에 의존하기보다는 열린 마음으로 진솔하게 대화하는 것이 필요

하다. 고객에게 양질의 언어 서비스를 제공한다는 것은 혀끝에서 나오는 달변이나 임기 응변식 재치보다는 고객을 배려하는 진실한 마음을 표현하는 것이다.

고객에 대한 언어 서비스의 핵심은 고객을 배려하고 존중하는 마음이 충분히 전달될 수 있도록 알맞은 경어를 사용하는 데 있다. 전문 용어나 외래어 등의 사용을 자제하고 고객이 쉽게 알아들을 수 있도록 풍부한 감정을 담아 말해야 한다. 현장 고객에게 언어 서비스를 할 때는 삼가야 하거나 조심해서 사용해야 하는 경우가 몇 가지 있다.

● **첫 번째, 생각과 다르게 불쑥 튀어나온 말투 때문에 곤란을 겪는 경우다.**

평소 동료들이나 친구들과 대화할 때 사용하던 속어, 은어 등이 엉겁결에 나올 때가 있다. 속어와 은어는 사용하는 사람을 천하게 보이게 만들 뿐만 아니라 직업인에게는 어울리지 않는다. 더욱이 고객에게 서비스를 제공하는 사람이 이런 류의 말을 쓰면 서비스의 질을 떨어뜨리거나 고객을 무시한다는 오해를 받을 가능성도 있다. 따라서 평소에 대화를 할 때도 의식적으로 바르고 고운 말을 사용하여 교양 있는 언어 습관이 몸에 배도록 노력해야 한다.

● **두 번째, 전문 용어의 사용이다.**

동료들과 대화를 나누다 보면 당연히 그 업무에 관련된 전문 용어나 관련 외래어들을 자연스럽게 사용한다. 이런 분위기에 익숙해지면 고객을 응대하는 순간에도 전문 용어와 외래어를 무심코 사용할 때가 많다. 지금은 개인용 컴퓨터가 많이 보급되어 컴퓨터 관련 용어를 익숙하게 사용하지만 초기에는 컴퓨터 관련 전문 용어 사용으로 고객을 어리둥절하게 하는 경우가 많았다. 'CRT가 DOWN되어 DATA를 찾을 수가 없습니다. 시스템이 복구될 때까지 매뉴얼로 하기 때문에 시간이 많이 걸립니다. POWER가 들어와도 프로그램을 다시 DOWN LOAD 받아야 작동합니다' 와 같은 말들이 그런 경우였다.

동료들과의 업무 관련 대화라면 전혀 어색하지 않고 자연스러운 표현이지만, 무심코 고객에게 말했을 때 고객이 이해하지 못하면 여간 어색하지 않다. 서비스 요원들의 언어 서비스는 고객이 쉽게 이해할 수 있도록 하는 데서 출발한다. 일상적이고 보편적인 용어를 선택하여 알기 쉽게 사용해야 한다.

고객을 응대할 때는 가능한 한 전문 용어 사용을 지양해야 한다. 혹시나 자기를 돋보이게 하려는 의도로 전문 용어, 외래어, 어려운 한자어를 즐겨 사용한다면 큰 잘못이다. 자칫 잘못하면 전달하려는 의사를 제대로 전달할 수도 없을 뿐만 아니라 고객의 비웃음을 살 경우도 생긴다.

● 세 번째, 말투가 서툴러 고객의 기분을 상하게 하는 경우가 있다.

예컨대 반토막 말이나 하대의 말을 무의식중에 쓰는 것이다. 즉 '요금은 이만 원 입니다' 라고 말해야 할 것을 '요금은 이만 원인데요' 한다던가 '메모지가 필요하십니까?'를 '메모지' 하면서 끝까지 다 말하지 않고 반 토막으로 끝내 버린다. 서로가 충분히 메모지를 인식하고 있는 상황일지라도 현장에서는 완전한 문장을 모두 말하는 것이 바른 언어 서비스다. 고객에게는 '알았어요'가 아니라 '알았습니다'라고 말해야 하고, '메모지요'가 아니라 '메모지가 필요하십니까?'라고 말해야 옳다. '오'나 '요'로 끝나는 말은 존댓말이 아니고 동료나 아랫사람에게 써야 하는 말이다. 상대방이 어리거나 아랫사람이지만 친숙하지 않을 때 약간의 격식을 차린 말이다.

따라서 이러한 말투는 마치 아랫사람에게 쓰는 듯한 느낌을 주기 때문에 서비스 현장에서는 가급적 삼가야 할 말들이다. 고객을 상대할 때는 보다 정중하고 점잖은 용어를 사용하도록 노력해야 한다. 말 한 마디를 잘못 던졌다는 이유로 멀리 떠나 버리는 고객의 뒷모습을 보지 않으려면 '…요'가 아니라 '…입니다'라고 말해야 올바르다.

● 네 번째, 부정적인 대답을 피하라

'안됩니다' '잘 모르겠습니다'라고 대답하기보다는 차선책을 제시하여 고객에 대한 최대한의 예의와 성의를 표현해야 한다. 부득이 부정적인 응답을 해야 하는 경우일지라도 '대단히 죄송하지만' '미안하지만' '불편하시겠지만' '어려우시겠지만' 등과 같은 완충적인 의미의 말을 먼저 사용하여 다음에 오는 부정적인 답의 충격을 완화시켜 줄 수 있어야 한다. 이러한 작은 성의와 배려가 고객을 기분 좋게 만드는 첫 출발이다.

고품질의 언어 서비스는 어떠한 물질적인 보상보다도 더 나은 고객 만족으로 이어진다. 우리가 흔히 쓰는 고객 응대 용어들도 습관적으로 반복하여 쓰기보다는 좀더 다양하게 사용하여 고객에게 상투적인 인사가 아닌 진심이 담긴 환영이나 감사의 인사가 되도록 하자.

'안녕하십니까?'는 '안녕하십니까? 반갑습니다. 좋은 아침입니다. 기분 좋은 날씨입니다'로 고객의 방문을 즐겁게 맞이하고, '감사합니다'는 '항상 신경 써 주셔서 고맙습니다. 어떻게 감사를 드려야 할지 모르겠습니다'로, '안녕히 가십시오'는 '안녕히 가십시오. 방문해 주셔서 감사합니다. 다음에 또 뵙겠습니다. 즐거운 하루 보내십시오'로 바꿔 보는 것은 어떨까?

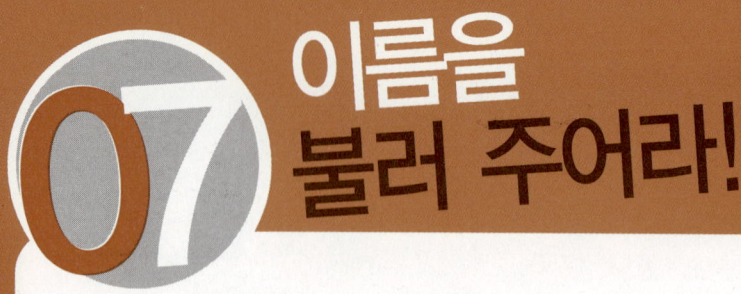

이름을 불러 주어라!

꽃

– 김 춘 수

내가 그의 이름을 불러 주기 전에는
그는 다만 하나의 몸짓에 지나지 않았다.

내가 그의 이름을 불러 주었을 때,
그는 나에게로 와서 꽃이 되었다.

내가 그의 이름을 불러 준 것처럼
나의 이 빛깔과 향기에 알맞은 누가 나의
이름을 불러다오.
그에게로 가서 나도 그의 꽃이 되고 싶다.

우리들은 모두 무엇이 되고 싶다.
너는 나에게 나는 너에게 잊혀지지 않는 하나의
눈짓이 되고 싶다.

누군가에게 관심을 얻고 있다는 사실은 기분 좋은 일
이다. 인간은 항상 자신의 존재를 인정받고 싶어하며 쉼 없이 그
희망을 추구하고 있다. 수많은 대중 속에 파묻혀 자신의 존재를
상실하고 살다 보면 조금씩 쇠퇴해 가는 존재의 의미와 더불어 점
점 작아지는 자신의 모습에 괜스레 짜증이 나고 우울해지는 것이
다.

상대적으로 사람들은 자신의 정체성을 찾기 위해 꾸준히 노력
한다. 자신의 존재를 인정해 주는 곳이 있다면 더욱 호감을 갖고
찾아간다. 고객은 대우받고 싶어하고 자신의 존재를 인정받고 싶
어한다. 때문에 자신을 인정해 주는 곳을 즐겨 찾게 마련이다. 고
객 만족은 그리 멀리 있지 않다. 고객의 존재를 인정하고 인정받
고 싶어하는 마음을 배려하는 일부터 시작하면 고객 만족이 가능
해진다.

●● 서비스에 BEST는 없다

완벽한 고객 만족은 어쩌면 영원히 이룰 수 없는 숙제
인지도 모른다. 과연 완벽하게 만족한 고객이란 있을 수 있을
까? 아무리 최상의 서비스를 제공하더라도 무한한 인간의 욕구를
충족시키기에는 역부족이다. 다만 만족에 가까이 다가갈 뿐이다.

고객의 기대는 끊임없이 상승한다. 최상의 서비스를 경험하는

순간 고객은 더 높은 수준의 서비스를 기대한다. 고객의 상승된 기대치를 충족시키기 위한 서비스 현장의 노력은 또 다시 반복되어야 한다. 에버랜드를 세계 최고의 테마 파크 반열에 올려놓은 에버랜드 허태학 사장은 말한다.

Tip

"서비스에 BEST는 없다. 다만 BETTER 만 있을 뿐이다. 우리는 어떻게 하면 고객을 만족시킬 수 있을까? 최고를 자만하지 않고 부단 없이 연구하고 노력할 따름이다. 거기에 고객 만족의 답이 있다."
허태학 사장은 자신의 서비스 철학을 그렇게 역설한다.

고객 기대치의 무한함을 강조하면서 서비스 개선을 위해 지속적인 노력을 촉구하고 있다. 고객 만족, 고객 감동이라는 이상적인 목표는 어느 날 하루 아침에 이루어지는 것은 아니다. 시작부터 한 단계 한 단계 쌓아 올린 노력의 파편들이 모여 거대한 탑을 이루는 것이다.

기본 바탕이 없는 상태에서는 아무것도 달성할 수가 없다. 시작 없이 끝은 없다. 가장 기본적으로 고객이 생각하는 기대와 욕구를 먼저 충족시킨 뒤, 그 다음 단계에서야 비로소 고객 만족과 고객 감동으로 연결되는 것이다.

●● 존재를 인정하라

고객의 기대치는 개개인마다 다르다. 백인 백색이라는
데 고객 서비스의 어려움이 있다. 하지만 확신하건대 백인 백색의
다양함에도 하나의 공통점은 있다. '나에게 관심을 갖는 사람'이
고객에게는 가장 필요한 사람이라는 점이다. 이 진리를 깨닫고 실
천하는 데 많은 시간과 노력이 필요한 것은 결코 아니다.

단지 고객을 인정하는 작은 관심과 잠깐의 시간을 할애하면 가
능하다. '오늘 넥타이가 날씨와 어울리는군요' '헤어스타일이 얼
굴과 참 잘 어울립니다' '목소리가 성우 같습니다'라는 몇 마디의
관심 어린 대화와 몇 초의 시간이면 충분하다.

이 조그만 관심이 고객에게 '저는 그대의 존재를 인식하고 있
습니다'라는 의미를 전달하는 것이며 '그대를 위해 우리가 여기

있다' 는 의미를 부여하는 몸짓이기도 하다. 고객 만족과 고객 감동은 때때로 아주 가까운 곳에 있다. 쉽게 손에 닿을 수 있다. 어렵게 생각하고 힘들게 고민하지 마라. 고객의 존재를 알아주기만 하면 된다. 그러한 관심이 바로 고객 만족 서비스의 시작이 된다.

●● 고객을 기억하라

매장을 찾은 고객의 방문을 무의미하게 흘려 보내서는 안 된다. 어떻게 고객이 그대의 매장을 방문했는가? 고객이 그대의 매장을 찾기까지는 주변의 많은 사람들이 시간과 노력을 투자하여 그대의 매장을 홍보하고 선전했으며 그들의 신뢰를 얻었기 때문에 이루어진 것이다. 하지만 그대를 홍보한 사람들은 단지 고객을 매장의 문 앞까지 오게 할 수 있을 뿐이다.

고객이 매장의 문을 들어서는 순간부터는 오직 그대의 몫이다. 그대의 역할에 따라 단골 고객으로 만들 수도 있다. 그게 아니면 홍보하며 소개한 옛 고객마저 잃게 되는 최악의 경우가 발생할 수도 있다.

한번 방문한 고객을 놓치지 마라. 그들을 단골 고객으로 만들 수 있는 기회는 많지 않다. 최상의 서비스를 제공하고 그들을 기억해 두어야 한다. 다음 방문 때는 반드시 다시 방문한 점에 대하여 감사를 표현하고 고객을 인식한다는 사실을 알려라. 그것만이

고객에게 '당신이 존중받고 있다'는 사실을 전달하는 길이다.

대중의 한 사람으로 취급하여 의미 없이 스쳐 지나가도록 내버려둔다면 한 명의 평생 고객을 잃어버리는 격이다. 고객에 대한 관심을 표현하는 방법은 어렵지 않다. 고객을 기억하는 것이다.

●● 이렇게 기억하라

고객의 특징과 이름을 연계하여 기억하거나, 고객의 이름을 메모해 두거나, 동행한 가족을 연상하거나, 어떠한 방법으로든 고객을 기억하도록 노력해야 한다. 그런 다음 고객이 방문했을 때 고객의 이름을 불러 주어라. 물론 고객 중에는 이름 부르는 것을 불편해하는 경우도 있다. 그런 사람의 직위를 기억하고 메모해 두어라. 그리고 그들의 가족을 기억하여 관심을 보여 주어

라. 고객의 특성을 칭찬하고 고객의 뛰어난 부분을 드러내 주면
된다. 기억나지 않으면 계산대에서 고객의 신용카드를 보고 이름
을 불러 주는 재치를 발휘하도록 하라. 고객은 그 순간부터 그대
와 그대의 매장에 새로운 의미를 부여할 것이다.

백화점 의류 매장에서 뜻밖에도 그대의 신체 치수를 기억하고
있는 매장 점원의 기억력에 묘한 감동을 받은 경험은 없는가? 군
중 속의 한 사람이 아니라 그대 개인으로 인정을 받았을 때 느끼
는 뿌듯한 감정의 흐름이다. 바로 이러한 배려가 고객을 다시 찾
게 만드는 지름길이다.

point

언젠가 그대가 경험했던 유쾌한 기분을 고객에게도 선사하라. 그들
을 기억하고 불러 주라. 가족과 친구 등 주위 사람에 대한 관심을
표현하라. 무리 속의 하나가 아닌 개인으로서의 관심을 표시하라.
반드시 매장을 다시 방문하여 그대의 관심에 보답할 것이다. 관심
은 받은 사람만이 되돌려줄 수 있다.

08 인사, 밝은 표정으로 정중하게

> 인간의 가장 위대한 발견 중의 하나는 태도를 바꾸면 운명이 바뀐다는 점이다.
>
> – 월리암 제임스

그대가 던진 인사는 상대방의 존재를 인정하고 존중한다는 마음을 나타내는 의사 표현이다. 몸짓 언어 중에 눈짓을 보내거나, 고개를 숙이거나, 손을 흔드는 행동, 모자를 들어올렸다 내리는 행위 등이 모두 인사의 한 방식이다.

인사는 시간과 장소, 계절, 주위 환경, 신분, 연령 등에 따라 다양한 형태로 이루어져야 한다. 상황에 맞게 적절히 대처해야 주변 사람들을 어색하게 만들지 않고 즐거운 분위기를 무난히 유지할 수 있다. 인사를 해야 할 상황에서 하지 않거나, 상대방에 어울리지 않을 정도로 지나치게 예의를 차리는 인사와 인사말을 하면 갑자기 주변 분위기가 어색해진다.

현장 분위기에 어울리지 않는 인사는 인사를 받는 당사자는 물론이고 주변 사람들조차 불편하게 만든다. 특히, 시간과 계절 등에 어울리지 않는 인사말은 상대를 더욱 난감하게 만들 뿐이다.

●● 먼저 보는 사람이 먼저 인사하라

인사는 상호 교환적이어야 한다. 상대방의 표현에 반드시 응답해야 바른 예절이 된다. 상대방의 인사에 적절히 반응하지 못하면 예의가 없는 사람으로 오인될 수 있기 때문에 주의를 기울여야 한다.

인사를 받을 때도 각별한 주의가 필요하다. 상대방이 반갑게 인사를 하는데 멀뚱하니 쳐다만 보거나 눈길을 피한다면 상대방에게 마음의 상처를 줄 수도 있다. 상대방의 인사에 비슷한 수준의 감정 표현으로 응답하는 게 예를

들어갈 땐 그렇게 밝게 인사 하더니... 아무것도 안먹고 나오니까 저 표정좀 봐...!

기가막혀!!!

갖추는 인사법이다. 반갑게 인사를 했는데 상대가 미처 알아차리지 못해 그대 혼자만의 일방적인 인사가 되어 버리는 경우도 있을 것이다. 괜히 계면쩍고 어색해진다. 그러나 상대의 반응과는 상관없이 일방적인 표현일지라도 인사를 하는 것이 하지 않고 지나치는 것보다 낫다. 따라서 먼저 보는 사람이 먼저 인사하는 방법이 가장 바람직하다.

●● 멋진 인사로 고객과의 첫 만남을 시작하라

서비스 요원들은 고객에게 만남의 반가움과 찾아 주신 것에 대한 고마움의 표현을 적절히 전달해야 한다. 단순히 고갯짓만 할 것이 아니라 밝은 표정과 부드러운 미소로 상황에 맞는 적절한 인사말을 구사해야 한다. 고객에 대한 공손함과 정성의 마음을 절도 있게 표현하는 것이 서비스맨의 바른 인사법이다.

고객은 서비스 제공자들과 접촉하는 순간 순간마다 감정의 파편들을 모은다. 그대가 이런 순간들을 효과적으로 관리하려면 고객과의 첫 만남에서 밝은 목소리와 바른 자세의 인사를 통해 깊은 인상을 심어 주어야 한다. 고객과의 만남이라는 결성석 순간을 인사로 적절하게 관리할 필요가 있다.

●● 올바른 인사 동작

인사는 고객의 연령과 신분을 고려해야 한다. 장소, 시간, 주변 상황에 따라 다양하고 바른 자세로 이루어져야 한다. 때문에 인사 방법이나 상황에 따른 인사의 종류 등을 익히는 것이 양질의 서비스를 제공하는 바탕이 된다.

1) 밝은 표정으로 상대방과 눈을 맞추어라.

2) 머리, 등, 허리선이 일직선이 되도록 하고 허리부터 숙여라.

3) 숙인 상태에서 잠시 멈춘다.

4) 상체를 들어올릴 때는 굽힐 때보다 느린 속도로 상체를 편다.

5) 바로 서서 상대방과 눈을 맞추고 미소짓는다.

● 인사의 종류

1) 반 경례(가벼운 인사)

* 엘리베이터 안, 복도, 계단, 협소한 장소에서 하거나 친근한 사람과 하는 인사.

* 상체를 15˚정도 앞으로 숙인 후 잠깐 멈추었다가 바로 선다.

2) 보통례(일반적인 인사)

* 상체를 30˚정도 앞으로 숙인 후 잠깐 멈추었다가 바로 서며, 이 때 시간은 상대에 따라 조절한다.

* 고객 응대할 때, 환송할 때, 고객을 방문 할 때.

* 시선은 상대방의 눈을 본다.

3) 정중례(정중한 인사)

* 정중한 사과나 감사의 마음을 표할 때.

* 상체를 45°정도 앞으로 깊이 숙여 보다 정중함을 표현한다.

4) 목례

* 말 없이 고개를 끄덕이며 눈으로 하는 인사.

* 실내나 복도에서 자주 부딪힐 때, 바쁘게 일하는 도중에 고객이
  방문했을 때.

● 인사시 공수법

● 여성의 경우

오른손이 위로 오게 자연스럽게 포개어 잡고 허리선 부분에 자연스
럽게 둔다. 이 때 왼손이 위로 가게 포개어 잡는 경우는 상갓집에서
쓰는 자세이므로 주의해야 한다.

● 남자의 경우

왼손이 위로 가게 포개어 잡는다. 또는 가볍게 주먹을 쥐고 바지의
재봉 선에 붙인다.

인사를 할 때는 일어서서 하는 것이 바른 방법이지만, 부득이

앉은 상태에서 인사를 해야 할 경우엔 상체를 곧게 펴고 상대의 눈을 보며 가볍게 미소를 띤 채 인사한다.

●● 이렇게 인사하라

고객에 대한 인사는 건성으로 하는 형식적인 표현은 안 된다. 진심으로 정성과 감사의 마음을 담아서 전달하라. 단순한 몸짓이 아니라 마음으로 해야 한다. 고객에 대한 바른 인사는 다음과 같다.

● 첫째, 고객보다 먼저 인사해야 한다

인사는 타이밍이 중요하다. 자칫 시기를 놓치면 기회가 오지 않는다. 고객이 방문하는데 아무도 반응이 없다면 고객이 느끼는 첫인상은 좋을 수가 없다. 먼저 보는 사람이 먼저 고객의 존재를 인정하고 신속하게 인사를 하는 것이 멋진 서비스다.

● 둘째, 정성과 감사의 마음을 표현해야 한다

흔히 현장에서 자주 볼 수 있는 기계적인 인사는 삼가야 한다. 단순히 고갯짓만 하고 기어 들어가는 목소리로 마지못해 하는 인사는 오히려 불쾌감을 준다. 적극적인 자세로 정중하게 인사해야 한다.

● 셋째, 밝은 표정과 명랑한 목소리로 인사한다

고객의 기분을 상쾌하게 만들어 주는 인사를 해야 한다. 인사는 받아서 기분 좋고 하는 사람도 분위기를 밝게 만든다는 보람을 느낄 수 있으면 더욱 좋다. 진심으로 고객을 환대하고 감사한다는 마음을 전달할 수 있도록 고객과 눈을 맞추고 미소지으며 밝은 목소리로 인사하라.

point

그대에게 찾아온 고객을 향해 어떤 반응도 없이 무표정하게 물끄러미 쳐다보고 있는 장면을 연상해 보라. 얼마나 어색한 장면인가? 고객이 그대를 찾으면 반갑게 맞이하는 것이 고객에 대한 예의이다. 예의의 표현을 인사를 통해 하는 것이다. 인사는 그대가 고객을 도울 만반의 준비를 갖추고 기다린다는 사실을 알리는 것이다. 인사 없이 고객을 맞으면 고객을 거부하는 행위나 다름없다. 인사하라! 인사는 몇 번을 반복해도 결코 지나치지 않다.

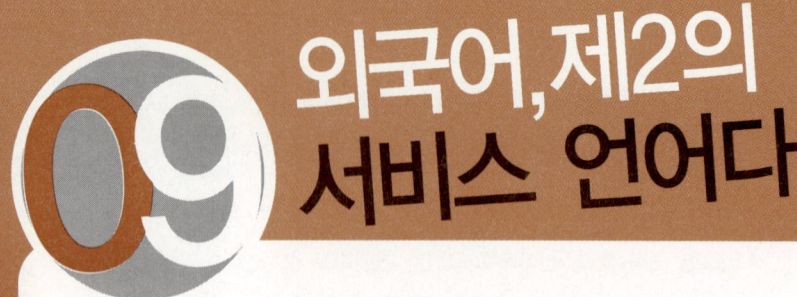

09 외국어, 제2의 서비스 언어다

시간은 가장 희소 가치가 높은 자원이다. 시간을 관리할 수 없다면 다른 어떤 것도 관리할 수 없다.

– 피터 드러커

　항공기를 이용하는 고객을 대상으로 항공사들의 서비스 수준을 평가하는 작업이 매년 실시된다. 그 때마다 항상 최고의 성적을 내는 항공사로 싱가포르 항공사가 뽑히는데, 이용 고객의 만족도 평가에서 언제나 최고를 자랑한다.

　다른 항공사와 똑같은 기능을 가진 항공기, 비슷한 항공료, 항공사마다 지역적으로 인정이 되는 고유 노선 등을 제외하면 외견상으로 별다른 특징이 없다. 그럼에도 불구하고 유독 싱가포르 항공사가 세계의 다른 많은 항공사를 제치고 고객 만족도 평가에서 항상 우수한 성적을 차지하는 이유는 무엇일까? 그 바탕에 몇 가지 이유가 있다.

그중에서 특히 직원들의 서비스 능력을 뒷받침하는 다양한 외국어 구사 능력은 싱가포르 항공을 세계에서 이용하기 가장 편안한 항공사로 인식시키기에 충분하다.

싱가포르는 역사적이나 지리적인 특성상 다양한 민족들로 구성되어 있어 그들이 쓰는 언어도 다양한 민족만큼이나 다채롭다. 따라서 공용어만도 영어, 중국어, 말레이어, 타밀어 네 종류를 사용하고 있을 정도다. 그 중에서도 영어의 사용 영역이 점점 넓어지면서 직원들의 영어 구사 능력은 아주 뛰어난 편이다.

서비스의 근간인 섬김의 문화가 저변에 깔린 동양적 정서와 외국어 구사 능력이 어우러져 싱가포르 항공을 세계 최고의 항공사로 만들어 주고 있는 것이다.

●● 세계인 모두가 고객이다

과학과 정보 기술의 발달로 인하여 전 세계가 하나의 단일 경제권역으로 바뀌었고 교통 시설의 발달은 지구촌을 일일 생활권으로 만들어 버렸다. 초고속 정보 통신 기술은 시간과 거리의 개념을 뛰어넘어 국가 간의 국경이라는 존재를 더 이상 무의미하게 만들고 있다. 지구촌 구석구석에서 일어나는 일이라도 불과 몇 분 만에 전 세계의 공통 관심거리가 되는 시대에 우리는 살고 있다.

시간을 초월한 신속함이 더 이상 우리에게 놀라움과 경외감을 불러일으키지 못한다. 서울 중심부의 호텔은 대부분 외국인 투숙객으로 가득 차고 유명 관광지에서 외국인 관광 단체들을 만나는 일에 우리는 익숙해졌다. 이제 더 이상 내국인들만이 고객은 아니다. 일본인이 그대를 방문하고 미국인들이 그대의 서비스와 상품을 구매한다.

뉴욕에 있는 맥도널드 매장은 도쿄에도 있고 서울에도 있다. 아이들은 맥도널드 햄버거, 코카콜라가 우리나라 상품인지 외국 상품인지 구분하지 못할 뿐더러 굳이 구분할 필요를 느끼지 못한다.

서울의 미국 기업이나 미국 속에 존재하는 한국인들의 모습이 전혀 어색하지 않다. 이제 그들 모두가 그대의 소중한 고객이며 그대의 서비스와 상품을 평가하고 있다. 그들은 그대에게 고품질의 서비스를 기대하고 있다.

Tip

9·11 테러 이후에는 상황이 많이 좋아졌지만 그 이전까지만 해도 뉴욕은 노상 강도가 자주 출몰한다는 점에서 악명이 높은 도시였다. 심야에는 여행객들이 혼자 다니기가 몹시 부담스러운 곳이었다. 어느 일본 관광객이 밤에 시장기를 느껴 밖으로 나와 식당을 찾다가 노상 강도를 만났다. 노상 강도가 총을 들이대며 '주머니 속의 돈 모두 내놔!' 라고 외쳤다. 이 일본인 관광객이 영어를 못 알아듣고는 'I beg your pardon? (뭐라고요? 다시 한번 말해 주시겠어요?)' 라고 대꾸했다는 것이다. 몇 번을 시도하다 결국 어

이없게도 노상 강도가 포기하고 돌아갔다는 재미있는 일화가 있다. 어쩔 수 없이 강도가 된다 해도 자신의 고객이 알아들을 수 있는 외국어 몇 가지는 할 줄 알아야 한다.

그대에게는 지구촌 모든 사람들이 고객이다. 이 같은 현실은 그대가 지구촌의 모든 고객이 인정하는 서비스를 제공해야 한다는 것을 의미한다. 세계는 국제화 시대로 빠르게 변하고 있다. 내국인과 외국인의 구별이 없다. 다만 세계인이 존재할 뿐이다.

●● 외국어 능력은 세계화의 기본이다

서비스 담당자인 그대가 외국어 능력의 한계 때문에 고객이 원하는 바를 제대로 이해하지 못하고 고객에게 여러 차례 같은 말을 되풀이하도록 한다거나 고객이 의사 소통의 불편함을 느낀다면 결코 좋은 서비스를 수행한다고는 볼 수 없다.

만약 외국인들이 물건을 구매하거나 호텔에 투숙하려할 때 의사 소통에 불편함을 느낀다면 그 곳은 결코 좋은 서비스를 제공하는 장소라고 말할 수 없다. 좋은 서비스를 수행하는 것은 고객이 어떠한 불편함도 느끼지 않도록 하는 데 있다.

미소 · 친절과 더불어 외국어를 이해하고 외국어를 통한 능숙한 의사 표현과 감정의 전달은 국제화 시대에 고객의 마음을 움직이기 위해 현장 서비스 담당자인 그대가 갖추어야할 필수 불가결한 요소이다. 지구촌이 이제 하나의 경제·생활권역이라면 외국어 능력은 이제 선택이 아니라 필수다.

언어는 경쟁력이다. 외국어를 능숙하게 구사해야 하는 이유란 고객에게 단순한 편의를 제공하거나 그대 스스로 편리함을 누리기 위함만은 아니다. 국경을 초월하여 세계인들의 사고와 문화를 몸으로 받아들이고 함께 공유하는 데 외국어는 필수적이기 때문이다. 지구촌의 문화나 사고를 피부로 직접 느낄 수 있어야 진정한 이해와 더불어 국제화 서비스를 제공할 수 있다.

●● 서비스는 상호 커뮤니케이션이다

서비스 제공자와 서비스를 제공받는 사람의 감정이 공감대를 형성할 때 고품질의 서비스가 창출된다. 고객을 배려하고 존중하는 마음이 제대로 전달되어야 고객의 마음속에도 고마움과 감사의 마음이 형성된다. 서로 충분히 교감할 수 있어야 비로소 좋은 서비스가 이루어진다.

서비스 담당자와 고객 상호 간에 정감을 나누고 마음을 전달하는 데는 여러 요소들이 작용한다. 언어를 비롯해 눈빛, 분위기, 세계 공통어인 바디 랭귀지가 있다. 물론 단순하게 의사 전달만을 목적으로 한다면 언어 외에 이런 부가적인 행위들만으로도 의사

소통에는 특별한 문제는 없다. 다시 말해, 급하면 어떻게든 통한다는 것이다.

Tip

어느 호텔의 신입 사원 면접 시험에서 지원자들의 영어 실력을 테스트하고 있었다. 면접관이 '외국인이 무역 센터에서 우리 호텔을 찾고 있다. 영어로 알기 쉽게 설명하라'고 주문했다. 많은 지원자들이 나름대로 열심히 자신들의 영어 구사 능력을 발휘하면서 설명하는데 한 지원자가 이렇게 대답했다.

"FOLLOW ME!(저를 따라 오세요!)"

그 순간 모든 면접관들이 파안대소했다고 한다. 물론 그 지원자는 재치와 유머를 높이 인정받아 합격했다.

고객 서비스란 단순히 의사 소통이 목적이 아니라 고객의 감정을 자극하여 고객을 즐겁고 행복하게 만드는 것이다. 미세한 부분의 감정을 건드리거나 전달하려면 몸짓이나 손짓으로는 충분하지 않다. 언어로 표현하여 전달할 수 있다면 그보다 더 쉽고 정확한 방법은 없다. 눈빛, 분위기, 몸짓 등은 언어 사용의 효과를 증폭시키는 보완 역할을 할 따름이다.

외국인 고객에 대한 정확한 의사 전달과 신속한 정보 제공은 능숙한 외국어 능력에서 비롯된다. 세계화 시대에 외국인 고객을 공략하는 데는 유창한 외국어 구사 능력이 최고의 서비스가 된다.

외국어, 제2의 서비스 언어다

●● 외국어 구사 능력을 키워라

외국어 구사 능력의 부족으로 외국인 고객을 대할 때 마다 경직된다면 그대의 마음과는 달리 부드럽고 편안한 느낌을 주지 못한다. 고객은 불편하고 딱딱한 그대의 서비스를 만나야 한다. 외국인의 사소한 질문에도 통역할 사람을 찾느라 외국인 고객을 기다리게 한다면 어떻게 신속하고 명쾌한 서비스를 제공한 다고 할 수 있겠는가? 외국인 고객을 만나도 전혀 어색함이 없이 자연스럽고 세련된 모습으로 고품격의 서비스를 수행할 수 있어야 한다.

외국인 고객을 응대하면서 그대가 이러한 자연스러움과 세련된 서비스 태도를 취할 수 있는 것은 자신감이 바탕을 이루기 때문이다. 이 자신감은 그대가 가지고 있는 외국어 능력에 따라 좌우된다. 탁월한 외국어 구사 능력은 단순히 의사 전달의 편리함을 넘어 서비스의 품격을 높여 주는 LIP SERVICE(립 서비스)를 추가로 제공할 수 있도록 만든다.

　외국어 구사 능력은 최고의 서비스를 지향하는 그대에게 없어서는 안 될 고품격 서비스 도구이다. 꾸준한 자기 계발을 통한 외국어 구사 능력 향상은 단순히 그대의 능력 배양의 의미를 넘어 회사의 경쟁력을 강화시켜 주고 고객의 절대 만족에 이르는 지렛대 역할을 할 것이다. 서비스를 제공하는 담당자의 행위 자체가 곧 상품이다. 따라서 서비스 상품의 품질은 서비스 담당자의 능력에 따라 달라지게 마련이다.

　우수한 외국어 구사 능력을 겸비한 서비스 담당자는 그 자체가 곧 조직의 경쟁력이다. 이제 경쟁력 있는 서비스는 단순히 미소 · 친절과 고객을 존중하는 마음으로만 이루어지지 않는다. 실질적인 능력이 서비스의 질을 좌우하는 시대가 도래한 것이다.

point

최상의 서비스를 원한다면 그대가 가지고 있는 서비스 언어 · 미소 · 친절 · 고객 존중의 마음 위에 외국어 구사 능력을 추가하라.

긍정적으로 거절하라

무엇이 옳은지 스스로 결정하라. 죄책감 없이 거절할 수 있게 된다면 인생을 확실히 내 것으로 만들 수 있다.

– 앤드류 매튜스

　우리는 세상을 살아가면서 주변 사람들과 여러 형태의 다양한 관계를 만들어 가고 있다. 남편과 아내, 자식과 부모, 스승과 제자, 고객과 직원, 교우 관계 등 이루 말할 수 없을 정도로 많은 인간 관계를 형성한다.

　남들과 좋은 관계를 맺고 있으면 우리가 어렵고 힘들 때 크나큰 위안이 된다. 인간 관계를 맺고 있다는 사실은 혼자 해결할 수 없는 일이 발생했을 때 도움을 청하고 서로 도우며 살라는 의미일 수도 있다. 따라서 우리는 언제나 이러한 인간 관계를 지속적으로 긍정적이고 우호적인 상태로 유지하기 위해 노력하고 있다.

　서로 간에 호의적인 관계가 영원히 지속될 수 있다면 얼마나 좋을까? 하지만 우리의 희망과는 달리 많은 불미스러운 일들이나 부정적인 상황들이 발생하여 서로의 관계를 영 불편하게 만들어 버리곤 한다.

서로 간에 불편한 분위기를 만들어 버리는 부정적이거나 우호적이지 못한 상황이 발생하는 가장 큰 이유가 무엇일까? 아마도 그 원인 중의 하나는 상대방의 부탁, 제의, 요구 등에 항상 긍정적으로 '예'라고만 대답할 수 없기 때문일 것이다.

●● 고객의 마음에 상처를 주지 마라

아무리 고객이라도 서비스 담당자에게 도움을 요청하는 일은 아주 손쉬운 게 아니다. 고객 나름대로 부탁했다가 거절당했을 때의 무안함이나 자존심의 실추 등이 우려되어 어느 정도의 부담은 가지게 마련이다. 가능하면 아무런 부탁도 하지 않고 지나갈 수 있기를 바라는 마음은 어느 고객이나 마찬가지일 것이다.

그럼에도 불구하고 그대에게 도움을 청하지 않고는 안 되는 피치 못할 사정이 생긴다. 상대적으로 고객의 부탁이나 요구를 받은 그대도 항상 고객에게 긍정적인 대답만을 해 줄 수 있는 상황은 아니다. 더러는 부탁하는 고객의 어려운 사정을 알면서도 거절을 해야 하는 난처한 경우도 발생한다.

실제로 고객의 부탁을 거절해야만 하는 사례가 너무 빈번하기 때문에 곤혹스럽다. 고객의 부탁을 거절한다는 것은 이유야 어떻든 고객이 원하는 바를 해결해 줄 수 없다는 뜻이다. 그대의 거절은 어렵게 부탁한 고객의 마음에 상처를 줄 수 있을 뿐만 아니라, 어떤 면에서는 고객의 자존심을 짓밟는 결과를 초래할 수도 있다. 따라서 부탁을 거절할 때는 이러한 고객의 마음을 헤아려 신중히 처신해야 한다.

하지만 고객의 부탁을 거절한다고 해서 고객과의 관계가 모두 악화되는 것만은 아니다. 어떻게 거절하느냐에 따라 상황은 완전히 상반된 결과를 초래할 수도 있다. 물론 부탁을 거절할 때 고객의 마음에 상처를 주지 않으면서 관계를 악화시키지 않고 부드럽게 처리할 수도 있다.

반면에 거절할 수도 있다는 사실을 고객이 충분히 이해하는 상황임에도 불구하고, 서비스 요원들의 거절하는 방법이 서툴러서 상황을 악화시키는 경우가 발생하기도 하지만 말이다. 어쨌든 고객에게 '아니오' 라고 대답하려면 상당한 기술이 필요하다.

●● 거절의 기술

Tip

조선 시대 숙종 임금 때 군수 홍만회가 살았다. 그의 집에 희귀한 종려나무가 있었는데 이 소문을 전해들은 임금이 궁금하여 신하들에게 그 나무를 캐 오라고 지시했다. 임금의 명령을 받은 신하들이 종려나무를 가지러 온다는 소식을 전해들은 홍만회는 고민하기 시작했다. 임금에게 초목을 바친다면 신하가 임금에게 아부한다는 세간의 비난을 면치 못할 것이고 이를 거부하자니 목숨이 위태로운 상황이었다. 마침

내 홍만회는 임금이 보낸 신하가 도착하기 전에 그 나무를 뽑아 잘라 버렸다. 홍만회는 화근이 될 만한 나무를 뽑아 없애 버림으로써 임금의 명령을 거역하지도 않았고 아부하는 관리라는 세간의 비난도 받지 않는 지혜로운 선택을 한 것이다.

고객 만족을 추구하는 서비스 현장에서 어쩔 수 없이 고객의 부탁을 들어 주지 못하고 거절해야 하는 상황에 직면할 때마다 직원들은 가장 난감해한다. 누구나 충분히 납득할 만한 고객의 부탁을 단지 현장 여건의 어려움을 이유로 거절을 해야 하는 안타까운 경우가 있고, 도저히 상식 밖의 무리한 요구를 단호히 묵살해야 하는 경우도 없지 않다.

누구나 이해할 수 있는 부탁이든 상식 밖의 무리한 요구든 들어줄 수 있다면 큰 문제가 없다. 그러나 현실은 그렇지 못하기 때문에 현장 근무의 어려움이 있다. 점잖게 부탁하는 고객이나 무리하게 떼를 쓰는 고객이나 모두 소중한 고객임에는 틀림없다. 어떻게든 고객의 감정을 다치지 않도록 배려해야 하는 현장 서비스맨들에게 적절한 거절의 기술은 필수적이다.

고객의 요구나 부탁을 거절해야만 할 경우

● 하나, 고객의 부탁을 단번에 거절하지 마라.

고객의 부탁을 한번에 거절해 버리면 고객의 요구를 들어 주기 위해 성실하게 노력한다는 모습을 보일 수 없다. 비록 어려운 상황이라도 최선의 노력을 기울이는 모습을 보여 주어야 한다. 그러다 보면 새로운 방법이 나오는 경우도 있다.

● 둘, 고객의 부탁을 끝까지 경청하라.

고객의 말이 끝나기도 전에 미리 판단하여 거절할 경우 무성의하게 보이고 기계적인 사무 처리라는 느낌을 주어 고객이 무리하게 고집을 피울 수도 있다. 따라서 고객의 부탁을 끝까지 귀담아 듣고 상황을 충분히 파악한 뒤, 심도 있게 그 해결 방안을 모색해야 한다. 해결이 불가능하면 적어도 노력하는 모습을 보여라.

● 셋, 거절의 이유를 정확하고 솔직하게 말하라.

괜히 애매 모호한 설명으로 일관하거나 순간을 모면하기 위해 지킬 수 없는 약속을 하면 더 나쁜 결과를 초래할 수 있다. 이쪽의 입장을 솔직하고 분명하게 설명한 뒤 그 사정을 이해해 달라고 부탁하라.

● 넷, 고객의 감정을 건드리지 마라.

잘못된 정보를 입수한 고객이 때때로 무리한 요구를 하는 경우가 있다. 그렇다 하더라도 직접적으로 잘못된 점을 지적하지 말고 우회적으로 설명하라. 예를 들면 '손님이 오해하실 수도 있겠군요. 저희가 좀더 자세하게 설명해 드리겠습니다' 라고 말하라. 그렇지 않고 직접적인 무안을 주면 잘못 알고 있었다는 사실에 대하여 미안함을 느끼기보다는 고객 응대 태도에 불만을 터뜨린다. 어처구니없게도 그대가 속죄양이 되어 버리는 것이다.

비록 고객의 생각이 틀렸더라도 고객을 바르게 이해시켜 정확한 정보를 전달해야 한다. 이 과정에서 고객이 부끄러움을 느끼지 않도록 배려하는 정성이 필요하다.

● 다섯, 고객이 양보하는 기분이 들도록 만들어라.

이쪽의 입장을 충분히 설명하고 설득하여 고객의 요구가 무리하다는 생각이 들도록 유도하라.

도리어 이쪽의 입장을 이해해 달라고 부탁함으로써 고객이 큰 아량을 베푸는 기분이 들도록 만드는 게 최선의 방법이다. 이 방법은 잘못 쓰면 고객이 돌아서서 속았다는 느낌을 받을 수 있기 때문에 주의를 기울여야 한다. 비록 돌아서서 자신이 양보한 게 아니라 설득에 넘어갔구나 하고 뒤늦게 깨달아도 기분 좋은 느낌을 가질 수 있도록 정중하고 부드럽게 거절해야 한다.

● 여섯, 도움을 주지 못하는 아쉬움을 충분히 표현하라.

아무리 감정을 거슬리지 않게 거절해도 고객의 부탁을 들어 주지 못하는 것은 서비스 현장 요원들에게는 상당히 부담이 된다. 인간은 누구나 거절에 익숙하지 않다. 호의를 베풀고 싶은 마음은 가득하지만 상황이 불가피하다면 어쩔 수 없다. 이러한 마음을 충분하게 표현하는 것도 고객을 배려하는 마음이다.

어쩔 수 없이 부탁을 거절해도 고객의 입장을 충분히 고려한 후 최선의 노력을 다하고 고객의 마음에 상처를 주지 않도록 충분히 배려하는 마음이 바탕이 되어야 최상의 결과를 얻을 수 있다. 상대방의 입장을 최대한 배려하고 세심하게 신경을 쓰는 것은 고객에 대한 예의이다. 더 나아가서는 고객 만족의 숙제를 풀 수 있는 바른 거절 요령이 된다.

화난 고객을 피하지 마라

서비스가 실패할 경우 그 문제점보다 먼저 사람을 다루어라.

        – 서비스 명언

고객을 화나게 하는 요인은 수없이 많다.

구매한 지 하루도 지나지 않아 고장나는 불량 제품, 불량 제품을 새것으로 바꿔 달라는 요구에 발뺌만 하는 담당자, 명백한 회사의 잘못임에도 회사의 규정을 들어 환불 거부를 주장하는 소비자 센터, 고객 보기를 돌같이 하는 무관심한 직원, '그것도 모르느냐'는 식으로 고객을 무시하는 불친절한 현장 서비스 요원, 고객의 요구를 재빨리 이해하지 못해 몇 번이고 다시 되묻는 센스 없는 고객 담당 부서 직원, 담당자와 통화하기 위해 여러 차례의 과정을 거쳐야 하는 자동 응답 시스템(ARS), 패스트푸드 음식점에서 30분을 기다리게 만드는 느려터진 직원들의 근무태도 등이 고객의 화를 돋운다. 지금 이 순간에도 이런 경우들이 고객들의 분노를 사고 있을 것이다.

물론 모든 불만의 원인이 회사나 직원들의 잘못에서만 비롯되지는 않는다. 불만을 제기하는 사례의 1/3은 그 원인이 고객의 실수이거나 고객이 잘못된 지식을 가지고 있기 때문이라는 연구 조사 결과가 있다.

고객이 제품을 잘못 보관하여 고장을 일으키는 경우, 전원의 볼테이지를 사전에 확인하지 않고 스위치를 켰다가 제품을 망가뜨리는 경우, 세일 기간이 지났음을 모르고 매장을 방문하여 세일 가격으로 물품을 구매하려는 경우 같은 것들이다. 하지만 그 원인이 고객에게 있든 회사에게 있든 고객들이 직접 겪고 있는 불만 사항이나 불편함에 비하여 실제 불만 불평을 제기하는 고객은 그리 많지 않다.

●● 고객은 불만을 말하지 않는다

미국의 고객 만족 관련 전문 컨설팅 회사인 TARP사(현재는 E-SATISFY. COM으로 개명)가 조사한 결과에 따르면, 금전적으로 평균 $142(약 17만 원)에 상당하는 손실을 본 고객 중에 31%만이 불만을 제기했을 따름이다. 이보다 작은 액수의 금전적 손실이나 아주 심하지 않은 불편함을 경험한 고객 중에서 불만을 제기한 경우는 단지 3%에 불과했다. 이 회사는 다음과 같은 설문 조사 결과도 발표했다.

'전자 방송 장비를 구매하는 담당자들의 무려 50% 이상이 제품이나 서비스에 관련하여 문제를 발견하면 판매를 담당한 세일즈맨이나 관리자에게 어떠한 불평 불만도 제기하지 않고 거래처 자체를 바꾸어 버린다. 그런 행위가 판매 담당자에게 불만을 제기하거나 열을 올리는 것보다 훨씬 쉬운 방법이라고 인식하기 때문이다.'

●● 불평하는 고객은 보석과도 같다

고객의 신뢰를 얻고 서비스의 질을 향상시키는 것이 경쟁력이라고 믿는다면, 고객이 조금이라도 불편을 느끼는 점들을 신속히 찾아내고 개선을 시도하여 같은 실수가 반복되지 않도록 조치해야 한다. 하지만 고객이 불편을 느낄 때마다 항상 겉으로 확연히 드러나는 것은 아니다. 때때로 너무나 미미하여 자칫 간과하기 쉬운 곳에 잠재하고 있는 경우도 의외로 많다.

이처럼 가려진 불만족을 찾아내기란 여간 쉬운 일이 아니다. 조사 결과에서 보듯이 대부분의 고객은 이런저런 문제에 직면했어도 즉시 이의를 제기하거나 불만을 토로하지 않고 아무 말 없이 발길을 돌려버린다. 그리고는 영원히 다시 돌아오지 않는다. 결국 그대는 불만족의 이유도 밝히지 않은 채 떠나가는 고객의 뒷모습을 바라보아야 한다.

사전에 고객 만족도 조사나 직원 친절도 조사 등을 통해 미처 알지 못하는 문제점들을 찾아 고치려고 노력하겠지만, 이 경우도 상당한 경비와 인력을 투입해야 해결할 수 있다. 하지만 직접 불만을 제기하여 그 감춰진 문제점을 지적해 주는 사람이 있다면 그처럼 보석 같은 고객도 없을 것이다.

지금까지 불평 불만을 제기하는 고객을 귀찮아하며 피하고 싶은 존재로만 여겼다면 이제 그 시각을 바꾸어야 할 때가 왔다. 불평하는 고객이야말로 그대에게 소중한 사람이라고 생각해야 한다. 이런 고객의 대부분은 문제점을 개선시켜 다시 이용하겠다는 의사를 표현하고 있는 셈이다.

비록 지금 당장 불편한 문제에 직면했지만 거래처를 바꾸거나 영원히 떠나가지는 않겠다는 것을 의미한다. 그대의 실수나 고객 자신의 실수로 야기된 문제점 앞에서 불만을 제기하는 고객은 회사의 입장에서 보면 귀중한 진주가 숨겨져 있는 곳을 가르쳐 주는 격이다.

서비스란 그런 고객을 위해 필요하다. 불평하거나 열내는 고객을 두려워하거나 피할 게 아니라 오히려 최고의 대우를 해야 한다. 어떻게든 이 고객의 상처 난 감정을 치유하여 더욱 열렬한 팬으로 만들 수 있도록 방안을 강구하라. 그것만이 이 시점에 선택해야 할 최선의 길이다.

●● 분노한 고객은 이렇게 상대하자

화를 내는 고객을 두려워하거나 피하지 마라. 그대와
그대 회사의 발전을 위해 소중한 존재라고 생각하라. 열을 받아
이성을 잃어 가는 고객이라면 일단은 효과적으로 진정시켜야 한
다. 그리고는 기술적으로 적절히 응대하여 그대의 영원한 팬으로
만들어 버려야 한다.

● 불평 불만을 제기하는 고객을 대하는 자세

❶ 겸허하게 한발 양보하는 자세로 상대한다.

❷ 고객이 까다롭다거나 트집을 잡는다는 선입관은 버린다.

❸ 불만 불평은 사랑에서 비롯된 것이라고 생각한다.

❹ 고객의 문제를 적극적으로 해결하려는 의지를 갖는다.

❺ 고객의 입장에서 바라보려는 자세를 유지한다.

❻ 다른 부서의 동료들에게 책임을 전가하지 않는다.

❼ 변명보다는 정직하게 설명한다는 자세로 상대한다

불만을 말하지 않는 고객은 발길을 돌린 뒤 다시 찾지 않는다. 불만을 신속히 처리했을 때는 불만을 경험하기 이전보다 더 좋은 관계로 만들 수 있다. 그리고 특별히 유의해야 할 또 하나의 진실이 있다. 이웃들에게 불만을 퍼트리는 고객들이 이웃들에게 칭찬하는 고객들보다 훨씬 많다는 사실이다.

●● 단계별 대응 방법

● 제1단계 : 상황 인식과 관심 표명

일단 화가 난 고객이 나타나면 그의 존재를 인정하면서 문제를 공감하고 적극적으로 해결할 의지가 있다는 사실을 표현하는 게 중요하다. 문제에 대한 시시비비를 가리기 전에 상황의 발생에 대한 미안함을 표시하라. 그리고 나서 즉시 화가 난 고객이 원하는 바가 무엇인지 정확히 파악해야 한다. 고객이 하는 말을 듣고 싶지 않더라도 끝까지 경청해야 한다. 메모하는 모습을 보여 주는 것도 좋은 인상을 줄 수 있다.

화가 난 고객은 대부분 불편한 경험만을 떠들어대기 때문에 무엇이 문제인지 정확히 얘기하지 못하는 경향이 있다. 원인이 무엇인지 알

아내는 것은 고객의 몫이 아니라 그대의 몫이다. 고객이 무엇을 원할지 스스로 기준을 세우도록 노력하라. 특히 고객이 자신의 입장을 정확하게 표명하도록 유도하는 일이 바람직하다.

● 제2단계 : 정보 수집과 상황 분석

상황과 관련된 모든 정보를 알아내야 한다. 그러기 위해서는 고객의 문제에 깊은 관심을 표명하고 고객의 말을 끝까지 경청하는 태도를 보여 주라. 대부분의 고객은 불만을 제기하는 과정에서 대응하는 담당 직원의 무관심, 고객 자신의 일을 아주 하찮은 것으로 취급하려는 직원들의 태도에 더욱 분노하는 경우가 많다.

상황 발생을 목격한 직원의 증언도 끝까지 들어야 한다. 고객을 만나기 전에 동료의 말을 충분히 듣고 상황을 파악하는 일이 급선무다. 고객과 대화를 나누면서 끊임없이 탐색하라. 고객이 어떤 타입의 소유자인지 파악하라. 주위 사람들의 반응은 어떤지 대화를 나누면서 계속 정보를 수집하라. 많은 정보를 얻을수록 문제 해결에 영향을 줄 요소들이 계속적으로 모인다. 불만의 원인과 진행 과정을 파악했으면 고객에게 적극적으로 설명하라. 고객의 입장을 충분히 공감하고 있음을 표현하라.

● 제3단계 : 신속한 복구와 보상 제안

앞의 두 단계를 완전히 마쳤을 때 세 번째 단계로 돌입해야 한다. 이 단계를 '협상'이라고도 한다. 다시 말해 '문제의 해결' 단계에 접어든 것이다. 고객이 실망한 부분을 신속히 치유하고 회복시켜라. 고객

의 실수로 문제가 발생하였다면 그 내용을 정확히 설명하고 대안을 제시하라.

회사 시스템의 문제점이나 직원의 실수가 확인되면 즉시 사과하고 그 실수를 정직하게 인정하라. 고객의 감정이 가라앉지 않으면 흥분을 누그러뜨릴 때까지 잠시 기다리는 것도 훌륭한 방법이다. 그대가 기꺼이 양보할 수 있는 부분을 재빨리 파악해야 한다. 고객의 분노에 대응하여 이쪽에서 준비된 점과 준비되지 않은 점을 알려 줄 필요가 있다. 고객은 그대가 생각하는 수준보다 의외로 훨씬 작은 것을 원할 수도 있다.

● 제4단계 : 약속 이행과 점검

같은 일을 두고 고객이 생각하는 가치와 그대가 생각하는 가치 사이에 무게의 차이가 있을 수 있다. 그대가 원하는 것을 얻기 위해, 즉 문제를 해결하기 위해 그에 상응하는 대단한 것을 주어야 한다고 미리 속단할 필요는 없다. 다만 보편적으로 문제의 심각성에 걸맞게 약속을 해 둘 필요는 있다.

임기응변의 약속은 다음에 더 큰 문제를 초래한다. 지금 상황에서 가능한 약속과 보상을 제안하고 즉시 이행하는 모습을 보여라. 고객은 화가 나 있기 때문에 다소 비합리적인 측면을 드러낸다. 의외로 단순한 양보에 모든 것이 해결될 수도 있다.

물론 고객이 무리한 요구를 할 수도 있다. 그런 경우엔 여유를 가져라. 잠시 분위기를 바꾸든지 잠깐 자리를 비우든지 하라. 고객이 스스로 진정한 뒤 '내 주장은 무리이며 비합리적'이라는 사실을 깨닫도록 만들어라. 일단 약속했으면 신속하게 이행하라. 문제 해결을 위한 약속이 오히려 고객을 더욱 화나게 만들기도 한다. 새로운 약속마저 재빠르게 이행되지 않는 사례가 적지 않기 때문이다.

● 제5단계 : 결과 확인

문제가 해결되고 보상이 이루어졌다면 합리적으로 마무리하라. 번거로운 절차를 거치게 해서 죄송하다는 마음을 충분히 전달해야 한다. 그리고 고객이 문제 해결에 만족하는지 확인하라. 부족하다면 추가 조치를 취해야 한다.

point

모두 다 좋다는 고객만 있다면 서비스가 왜 필요하겠는가? 분노하는 고객들이 있기 때문에 서비스는 향상되고 그대와 그대의 회사는 계속 발전한다.

적극적으로 칭찬하라

칭찬을 아끼지 마라. 인간의 마음 깊은 곳을 들여다보면 칭찬에 굶주려 있음을 알게 된다.

— 무명인

우리 인간은 외부 환경으로부터 자극을 받아 감정의 변화를 일으킨다. 이런 외부 환경을 감지하는 기능으로 시각, 후각, 청각, 미각, 촉각 등이 있다. 아름다운 영상으로 관객을 매료시키는 영화와 그림들은 시각을 자극한다. 인간의 정신까지도 맑게 만들어 주는 허브 초의 향기는 후각을 건드린다. 감미로운 음악은 청각을 부드럽게 어루만져 심신을 평온하게 만들어 주고, 수십 가지의 오묘한 맛을 가진 와인이 혀끝에 닿는 순간 황홀경에 빠진다.

삼라만상이 감각을 자극하여 행복하게, 슬프게, 때로는 분노하게 만들기도 한다. 하지만 그 중에서도 청각을 통해 감정의 변화를 자극하는 것들을 무시할 수가 없다.

청각을 통한 자극은 눈에 보이지 않는 이유로 간과되기 쉽다. 하지만 실질적으로는 인간이 외부 환경으로부터 받는 자극의 아주 많은 부분이 청각을 통해 이루어진다. 예를 들면 음악, 속삭임, 타인의 칭찬, 위로의 말, 소음, 부모님의 잔소리, 깨어지는 소리, 부딪히는 소리 등 이에 해당된다.

● ● LIP SERVICE를 하라

스트레스에 시달리는 사람들은 아름다운 음악을 들으면서 감정의 순화를 기대한다. 사랑하는 남녀는 서로의 달콤한 속삭임 속에서 무한한 행복감을 느끼기도 한다. 어려움에 처한 동료에게 보내는 한 마디의 위로는 천만금보다 가치가 있다. 반면에 기계의 파열음에는 귀를 막고 싶어진다. 그뿐이 아니다. 현장에서 고객에게 보내는 진솔한 칭찬 한 마디가 평생 고객, 평생 후원자로 만들 수도 있다는 사실을 알아야 한다.

현장에서 이루어지는 칭찬과 같은 LIP SERVICE는 고객의 청각을 통해 감정을 자극한다. LIP SERVICE는 고객을 즐겁고 행복하게 만들어 주는 데 아주 뛰어난 효과를 보인다. 서비스 요원의 LIP SERVICE 능력은 고객에게 긍정적인 인상을 심어 준다. LIP SERVICE는 올바른 태도, 단정한 용모, 부드러운 미소와 함께 고품질 서비스 실천을 위한 핵심 행동 항목 중의 하나다. 서비스 요원들이 취할 수 있는 고객 서비스 중에서 고객의 마음을 움직여 최고의 효과를 기대할 수 있는 방법이며 가장 공격적인 형태이다.

하지만 훈련하지 않으면 실천하기 쉽지 않은 업무의 하나가 LIP SERVICE이기도 하다. 어떤 면에서는 전혀 돈들이지 않고 가장 손쉽게 할 수 있는 서비스 항목이어서 자칫 의식하지 못할 수도 있지만, 실질적으로 고객 담당 현장 요원들에게는 가장 중요한 분야다. LIP SERVICE! 고객 만족 서비스의 가장 확실한 저격수가 될 수 있다.

●● 인간의 본능을 자극하라

"안녕하십니까? 오늘 넥타이가 양복과 아주 잘 어울리십니다. 컬러 감각이 아주 뛰어난 것 같습니다."

"머리 모양이 너무 예쁘네요. 직접 손질하신 거죠. 좀 가르쳐 주시겠습니까?"

"이번에 하신 일은 대단했습니다. 어떻게 그처럼 훌륭한 일을 하실 수가 있지요?"

고객과 만날 때 이처럼 간단한 LIP SERVICE로 시작하라. 그 뒤에 그대가 원하는 바를 얻을 수 있을 것이다. LIP SERVICE는

뭐니뭐니해도 고객에 대한 칭찬으로 시작하는 것이 가장 좋은 방법이다. 칭찬은 가능한 한 많이 하는 게 좋다.

인간이 가진 욕구들 중에 으뜸으로 꼽는 것이 명예욕과 공명심이다. 이들 모두는 자신을 과시하고 싶어하는 본능을 담고 있다. 자기 과시는 남으로부터 인정받기를 원하는 것이고, 이는 곧 남으로부터 칭찬을 받고 싶어하는 마음이다.

인간의 본능을 파악하고 자극하라. 본능을 건드림으로써 상대방을 만족시키는 일이야말로 최고의 서비스다. 그보다 더 좋은 방법은 없다. 그렇다고 없는 것을 만들어 내거나 단순히 비위를 맞추기 위해 아첨하라는 뜻은 절대 아니다. 칭찬은 상대의 가치와 능력을 인정하는 것이며 의욕을 향상시키는 것이다.

켄 블랜차드와 그의 친구들은 그들이 공동으로 집필한 '칭찬은 고래도 춤추게 한다' 라는 책에서 5,000파운드가 넘는 거대한 범고래 '샴' 이 조련사의 지시에 따라 곡예 점프와 다이빙을 선보이고 가슴지느러미를 흔들어 관중들에게 인사할 수 있는 것은 조련사들이 끊임없이 범 고래 '샴' 을 칭찬하면서 조련하는 방법을 사용하기 때문에 가능하다고 한다.

실제로 모든 동물 조련사들은 칭찬과 벌을 병용하여 동물들을 훈련시킨다. 하지만 칭찬의 효과가 벌의 효과보다 훨씬 뛰어나며 벌은 어쩔 수 없는 경우에만 사용한다고 한다. 하고자 하는 의욕을 북돋아 주는 데는 칭찬처럼 훌륭한 방법은 없다. 칭찬을 받는 것만큼 기분 좋은 일도 없다. 마크 트웨인은 '좋은 칭찬 한 마디에 두 달은 살 수 있다' 고 말했다

●● 그대의 진심을 담아라

고객에 대한 적극적인 칭찬이 LIP SERVICE의 가장 좋은 도구이다. 칭찬은 많이 한다고 해서 서비스의 품질이 떨어지지 않는다. 칭찬은 아무리 사용해도 닳지 않는다. 쓰면 쓸수록 빛을 발한다.

그러나 LIP SERVICE를 할 때 가장 중요하게 생각해야 할 점이 있다. 고객에 대한 아첨이나 입에 발린 칭찬이 아니라, 진실로 고객을 생각하고 존중하는 열린 마음을 담아야 한다는 것이다. 진

실과 성실을 칭찬에 담아 표현할 수 있어야 한다. 진실한 마음에서 우러나오는 칭찬이나 찬사는 고객을 흡족하게 만든다. 마음이 흡족하여 여유가 생긴 고객은 설사 서비스 요원의 작은 실수에도 눈감아 줄 수 있는 아량을 보이기 때문이다. 고객의 긍정적인 면을 강조하려는 LIP SERVICE는 고객의 만족을 유도할 뿐만 아니라 고객의 불만을 최소화시키는 데도 안성맞춤이다.

● 칭찬하는 요령

● 좋은 점을 구체적으로 말한다.

전체적이고 추상적인 칭찬에 비해 구체적이고 분명한 칭찬이 고객의 마음을 더 움직일 수 있다. '손님 참 멋있습니다' 보다는 '손님의 헤어스타일이 세련되어 보입니다' 라고 했을 때 더 효과적이다. 그래야만 칭찬에 대한 신뢰성을 얻을 수 있다.

● **즉시 칭찬한다.**

정확한 타이밍을 잡아서 바로 칭찬해야 가장 효과적이다. 지난 일을 끄집어내어 칭찬하는 것은 하지 않는 것보다는 나을 수 있지만 그 효과는 반감된다.

● **간결하게 한다.**

칭찬이 길어지면 믿음성이 없어 보인다. 말하는 중에 상대가 약점으로 생각하는 부분을 건드리는 실수를 범할 수도 있다. 진지하고 간결하게 칭찬하는 것이 더 깊은 인상을 주며 오래도록 기억에 남는다.

● **가능한 한 공개적으로 한다.**

고객들은 누구나 자기를 과시하고 싶어한다. 왠지 스스로 자랑하는 게 쑥스러워 자제할 뿐이다. 그리고 누군가 자신의 장점을 알아주기를 바란다. 공개적으로 칭찬하면 칭찬 받는 기쁨과 자랑하고 싶은 욕심 두 가지를 모두 충족시킬 수 있다.

● **사소한 것을 칭찬한다.**

큰일이나 중요한 일은 누구에게나 칭찬을 듣는다. 다른 사람이 관심을 갖지 않거나 알아차리지 못하는 작은 일에 '감사합니다' '정말 친절하십니다'로 칭찬하면 의외로 오래도록 기억에 남는다.

● **고객의 주변 인물을 칭찬한다.**

대부분의 사람들은 아직도 칭찬을 받는 데 익숙하지가 않다. 괜히 겸연쩍고 쑥스러워 한다. 이럴 때는 고객의 자녀들이나 고객이 속한 집단에 대한 칭찬을 보내면 자신을 칭찬하는 것보다 더 즐겁고 자연스럽게 받아들인다.

● **긍정적인 관점으로 칭찬할 일을 찾아라.**

도저히 칭찬할 만한 점을 발견할 수가 없다고 생각하는 것은 칭찬을 하려는 사람의 기준에 따른 편견에서 비롯된다. 모든 것을 긍정적 관점에서 보면 칭찬할 일은 무수히 많다.

●● 전화 응대 서비스

특히 LIP SERVICE를 적절히 구사해야 하는 전화 응대 서비스도 중요한 분야다. 전화는 고객과 직접 서로 얼굴을 맞대고 대화를 하는 게 아니라 단지 목소리만으로 서로의 뜻을 전달해야 하기 때문에 각별히 신경을 써야 한다.

목소리에 고객을 배려하는 마음을 한껏 담아 전달해야 한다. 단어는 분명히 또박또박 발음하고 말하는 속도를 면밀히 조절해야 한다. 말의 흐름이 너무 빠르지 않도록 주의한다. 숨을 고르게 이어갈 정도의 속도를 유지하는 게 좋다. 말의 속도가 너무 빠르면 듣는 사람이 불안해하고 무슨 말인지 이해가 잘되지 않는 경우가 발생한다. 하지만 너무 느리면 고객이 지루해한다.

목소리의 톤은 가능한 한 맑은 고음을 써야 밝은 인상을 준다. 대화 중간 중간 톤의 높낮이에 변화를 주어야 강조하고 싶은 부분에 대하여 주의를 환기시킬 수 있다. 충분히 듣고 고객이 원하는 바를 빨리 이해하여 바로 응답을 하도록 하는 것이 고객이 지루함을 느끼지 않도록 하는 좋은 전화 응대 서비스이다.

● 전화 받는 요령

❶ 신호가 세 번 울리기 전에 수화기를 들어라.

❷ '안녕하십니까' 라는 인사와 자기 이름을 밝히는 것으로 대화를 시작하라.

❸ 반드시 '뭘 도와 드릴까요?' 하고 물어라.

● 통화중 기다리게 할 경우

❶ 양해를 구하고 그 이유를 설명하라.

　– 자료를 찾으려면 2분 정도 소요됩니다. 잠시만 기다려 주십시오.

❷ 시간이 얼마나 걸릴지 말하라.

❸ 기다릴 의사가 없다면 메시지를 남기라고 말하라.

❹ 기다려 준 것에 대한 감사를 표시하라.

● 통화중 다른 사람에게 전화를 돌릴 경우

❶ 전화를 돌리는 이유, 그 담당자의 전화번호와 이름을 알려 주라.

❷ 전화를 돌리기 전에 담당자에게 전화하여 그 존재를 확인하고 전화를 건 사람의 이름과 용건을 알려 주라.

❸ 전화를 돌리고 난 후 연결을 확인한 다음에 수화기를 내려놓아라.

● 메시지를 남기는 요령

❶ 담당자의 부재 내용을 알리고 돌아올 시간을 말하라.

❷ 메시지를 남길 것인지 물어라.

❸ 정확한 이름, 전화번호, 용건, 전화가 걸려온 날짜와 시간, 전화 받을 사람의 이름을 반드시 남겨라.

❹ 내용을 반드시 반복하여 말하고 재확인하라.

통화중에 '목소리가 아주 아름답습니다' 란 칭찬 한 마디는 어떨까? 표정은 엉망인데 입에 발린 칭찬을 늘어놓는다고 해서 좋은 LIP SERVICE를 한다고 할 수는 없다. 항상 밝은 표정과 함께 이루어질 때 그 마음을 충분히 전달할 수 있다. 칭찬하는 사람도 칭찬하는 데 보람을 느끼고 진심으로 즐거워할 수 있어야 올바른 LIP SERVICE를 실천한다고 볼 수 있다.

13 손은 공손하게 눈은 단정하게

말은 그 사회의 문화와 정신이 반영되어 오랜 역사 속
에서 발전하고 성장하면서 하나의 언어로 형성된다. 우
리가 외래어를 사용하려면 그 말이 생성된 사회의 문화와 역사를
충분히 이해하고 사용해야만 제대로 쓸 수 있다. 외래어가 들어와
서 진정한 의미의 언어 토착화를 이루기 위해서는 충분한 문화적
공감대가 형성되어야 가능하다.

그 기원이 서양의 문화에 뿌리를 두고 있는 '서비스' 란 말은 그
문화적 차이 때문에 실상 완전히 우리의 것으로 흡수하기에는 다
소 어려움이 있다. 아직도 서비스를 받는 사람이나 서비스를 제공
하는 사람, 서비스를 전문업으로 하는 서비스 업계에서조차 여전

히 그 해석이 분분하다.

서비스란 말은 노예라는 의미를 가진 라틴어 servitium과 불어 servus에서 비롯되었다. '노예가 주인에게 봉사한다' 는 의미로 출발한 서비스는 그 동안 많은 과정을 거쳐 지금의 다양한 의미로 정착되었다. 우리나라에서는 1980년 이후 급격하게 번지기 시작하여 지금은 교통, 교육, 의료, 금융, 공직 사회 등을 거쳐 사회 전반에 뿌리를 내리고 있다. 거의 모든 분야에 서비스 개념이 도입될 정도다.

●● 서비스의 기본은 '예' 이다

오늘날 우리 사회에 서비스란 말이 사용되는 범위는 폭넓고 다양하다. 그렇다면 서비스란 개념이 완전히 우리의 것으로 농축되어 있을까? 그건 아니다. 아직도 약간의 의구심을 갖게 한다. 수천 년 동안 내려온 이 땅의 생활 태도, 관습, 전통 등과의 조화가 그리 쉽지 않은 탓이다. 완벽하게 우리의 것이 되기에는 좀더 많은 시간과 노력이 필요할 것이다.

그렇다고 마냥 기다릴 수는 없다. 서비스가 우리 생활에 끼치는 영향이나 차지하는 비중이 너무 크기 때문이다. 하루 빨리 흡수하여 우리의 것으로 만드는 적극적인 노력이 필요할 때이다. 비록 동서양의 문화나 생활 방식이 많은 차이를 보인다 하더라도 서비스의 본질이 기본적으로 상호 간의 에티켓을 존중하고 지키는 것인 바, 이는 우리의 전통적인 예의 범절과 크게 어긋나지 않고 일맥 상통하는 것이다. 따라서 그 서비스의 수행 방법에 동양과 서양이 별반 다르지 않을 것이다.

예부터 우리 선조는 우리나라를 '동방예의지국'이라 일컬으며 '예'를 삶의 근본으로 삼고 모든 행동의 기본을 '예'에서 찾아 왔다. 그 '예'가 곧 사람을 대하는 기본 예절이요 서비스의 기본이 된다.

옛날부터 내려오는 우리의 전통적인 '예'를 배우고 익힌다면 그것이 바로 현장 서비스에서 다루는 몸가짐의 기준이 될 수 있을 것이다. 우리의 전통적인 '예'를 다시 한번 되돌아보고 한국적 서비스를 창출하고 구현하는 계기가 되었으면 한다. 현란하고 요란스럽지는 않지만 언제나 은은하고 부드러움이 배어 있는 진정한 한국적 서비스가 구현되길 바랄 뿐이다.

●● 한국적 서비스

다산(茶山) 정약용 선생은 평소의 가르침을 통해 '발은 무겁게 하고, 손은 공손하게 하고, 입은 다물어야 하며, 머리는 곧게 하고, 눈은 단정하게 하고, 인상은 정숙하게 유지하라'고 말했다.

모든 행동의 기본은 몸가짐이다. 서 있을 때나 걸어갈 때, 앉을 때나 일을 할 때 항상 바르고 자연스럽게 몸가짐을 유지해야 한다. 단정하고 우아한 몸가짐을 가진 사람에게서 인품이 저절로 드러나 보인다.

몸가짐이 바르고 정중한 사람과 함께 있으면 편안해지고 안정감이 든다. 비록 말로 표현하기는 쉽지 않지만 고객이 편안함을 느낄 수 있도록 배려하는 일이 서비스맨의 임무다. 항상 바른 몸가짐을 갖도록 주의를 기울이는 일이야말로 서비스맨의 기본이다. 한번 잘못 들여진 습관은 바로 잡기가 어렵다. 따라서 평소 올바른 몸가짐이 몸에 배일 수 있도록 노력해야 할 것이다.

Tip

'격몽요결'은 율곡 선생이 후학들을 위해 학문의 지침서로 저술한 책이다. 다음은 제 3장 '지신(持身)'편에 수록된 내용으로 몸과 마음을 올바르게 유지하는 데 필요한 요점을 제시한다. 현대의 서비스맨들의 마음 자세나 몸가짐에도 변함 없이 올바른 기준이 될 수 있다.

"예절의 마음은 안에 있으나 그것이 표정으로 얼굴에 나타난다. 몸가짐은 마음가짐, 표정, 몸차림, 옷차림에 의해 복합적으로 형상화된다. 따라서 몸가짐은 행동 예절의 기초가 된다. 우리 조상들은 몸가짐의 기준을 다음과 같이 만들어 가르쳤다."

● 이른바 '구용(九容)'이 소개된다.

足容重(족용중) : 발은 무겁게 놀리고 가볍게 움직이지 마라. 그러나 어른의 앞에서 빨리 행동할 때는 이것에 구애되지 말아야 한다.

手容恭(수용공) : 손은 공손히 두어야 한다. 손은 아무렇게 놓아두지 말아야 한다. 아무 일이 없으면 단정히 모으고 있어야 하며 쓸데없이 움직이지 말아야 한다.

目容端(목용단) : 눈은 단정히 떠야 한다. 눈과 속눈썹을 바르게 가져야 한다. 볼 때는 눈동자를 바르게 해야 하며, 옆으로 흘겨보거나 곁눈질하지 않아야 한다.

口容止(구용지) : 입은 다물고 있어야 한다. 말을 할 때나 음식을 먹을 때 이외에는 항상 입을 움직이지 않아야 한다.

聲容靜(성용정) : 목소리는 조용히 내어야 한다. 언제나 목소리를 가다듬어 말하고, 기침이나 하품 같은 잡된 소리는 내지 않아야 한다.

頭容直(두용직) : 머리는 곧게 가져야 한다. 머리는 곧게 몸은 바르게 하고, 한쪽으로 기울어지거나 돌리고 있지 않아야 한다.

氣容肅(기용숙) : 기운은 엄숙하게 가져야 한다. 숨쉬는 것을 조화하여 부드럽게 하고, 호흡하는 소리를 내어서는 안 된다.

立容德(입용덕) : 서 있을 때는 덕이 있게 보여야 한다. 바로 서서 의지하지 말고, 엄연히 덕이 있는 기상을 가져야 한다.

色容莊(색용장) : 얼굴빛은 씩씩하게 가져야 한다. 얼굴빛을 항상 정돈하여 바르게 하고, 게으르거나 거만한 기색이 없어야 한다.

"예는 마음의 표현이다. 예스러운 마음을 가지면 표정과 말과 행동이 예스러울 것이지만, 마음이 고약하고 무례하면 그 말과 행동이 무례해진다. 따라서 마음가짐의 지침을 다음과 같이 명료하게 제시하여 교육의 지표로 삼았다."

● 이른바 '구사(九思)가 소개된다.

視思明(시사명) : 물건을 볼 때는 밝게 보려고 생각하라. 볼 때 가리는 것이 없으면 밝게 되어 보지 못하는 것이 없게 된다.

聽思聰(청사총) : 들을 때는 귀밝은 것을 생각하라. 소리를 들을 때 막히는 것이 없으면 귀가 밝게 되어 듣지 못하는 것이 없어진다.

色思溫(색사온) : 얼굴빛에 온화함을 나타내라. 표정을 지을 때는 온화하게 유지하겠다고 생각하라. 얼굴빛을 환하고 부드럽게 유지하여 성내는 기색이 없어야 한다.

貌思恭(모사공) : 용모는 공손할 것을 생각하라. 몸가짐이나 옷차림은 공손해야겠다고 생각하며, 자신의 태도가 단정하고 씩씩하지 않은 것이 없게 한다

言思忠(언사충) : 말할 때는 참됨을 생각하라. 한 마디의 말을 할 때도 참되고 믿음성 없이 하지 마라.

事思敬(사사경) : 일할 때는 경건하게 하라. 한 가지 일을 할 때도 경건하고 진중 하라.

疑思問(의사문) : 의문이 나는 일은 다른 사람에게 질문할 것을 생각하라. 마음에 의심이 있으면 반드시 선각자를 찾아 물어보고 부끄러움으로 알지 마라.

忿思難(분사난) : 화가 날 때는 곤란할 것을 생각하라. 화가 날 때는 반드시 뉘우치고, 이치로 따져 스스로 이기도록 하라.

見得思義(견득사의) : 얻는 것이 있으면 옳은 일인가를 생각하라. 재물 앞에서는 의리를 따져 분명하게 해야 하고, 옳은 일인 경우에야 비로소 가진다.

14 테크닉이 필요하다

인간의 행실은 그 사람의 이미지를 보여 주는 거울이다.

– J.W. 괴테

고객을 배려하고 존중하는 마음이 가득하다면 이를 적절하게 표현하여 상대방이 그대의 마음을 알아차리도록 해야 한다. 마음속에는 고객에 대한 애정이 넘치는데 이를 표현하지 못하거나 상대방에게 충분히 전달하지 못한다면 얼마나 안타까운 일인가?

고객에게 그대의 마음을 전달하기 위해서는 기술적으로 세련되게 이를 표현하고 전달하는 방법을 익힐 필요가 있다. 더욱이 현장에서 고객과 대면 서비스를 하고 있는 현장 서비스맨들에게 이러한 서비스 테크닉을 개발하고 몸에 익히는 과정은 필수적이다.

우리가 이미 알고 있는 것처럼 '바른 서비스 매너' 들이 있다. 그 중에는 전화벨이 3번 울리기 전에 전화를 받는다든지, 통화를 할 때는 자기의 신분을 먼저 밝히고 고객과 통화를 시작한다는 전화 응대 매너, 방문한 고객을 맞이할 때와 배웅할 때의 인사는 허리를 45도 숙이는 정중례를 하고 매장이나 복도 등에서 마주치는 고객에게는 간단한 목례로 응대해야 하는 인사 에티켓, 고객에게 방향을 안내할 때 손가락 하나로만 가리키지 말고 손가락을 가지런히 모두 붙인 상태에서 손바닥을 펴고 안내한다는 절제된 서비스의 태도 등이다.

모두 고객을 존중하고 배려하는 마음을 세련되게 전달할 수 있는 기본적인 서비스 테크닉들이다. 어떻게 하면 좀더 효과적으로 고객의 마음에 다가갈 수 있는지를 항상 염두에 두고 행동 하나하나를 취한다면 좀더 수월하게 훨씬 효율적으로 고객의 마음을 움직일 수 있을 것이다.

●● 적어도 눈인사는 보내라

어떤 일을 하고 있는 중에, 전화를 받는 중에, 고객과 상담을 하는 중에, 지금 막 올려야 할 보고서를 마무리하고 있는 중에, 어떠한 경우이든 지금 바로 그대가 하고 있는 일을 멈추기가 곤란할 때, 고객이 다가오면 그대는 어떻게 대처하는가? 그냥 무시한 채 그대의 하던 일을 계속하는가? 아니면 무리하게라도 모든 일을 제쳐 두고 방문한 고객을 맞이하는가? 어쩌면 어느 누구든 현장에서 하루에 한두 번은 경험하는 사례들일 것이다. 그때마다 '어떻게 할까?' 하고 마음의 갈등을 느꼈던 적이 있을 것이다.

그럴 때 이런 방법을 써 보라. 방문한 고객의 일을 바로 처리해 주지는 못할지라도 최소한 눈짓으로라도 인사를 보내라. 만약 눈짓으로 사인을 보낸다면 그 눈인사는 '그대가 오신 것을 알고 있습니다. 그리고 환영합니다 조금만 기다려 주십시오' 또는 '저는 그대의 존재를 알고 있습니다. 제가 하는 일을 금방 마치고 도와드리겠습니다' 라는 의미를 전달하는 것이고 고객도 그런 의미로 받아들인다. 이처럼 간단한 서비스 테크닉 하나가 그대와 그대의 회사에 대한 긍정적인 첫인상을 갖도록 만들어 주는 데 도움이 된다.

하지만 고객이 그대의 데스크 앞에 왔음에도 불구하고 '내가 할 일을 멈출 수는 없어. 나는 지금 급하단 말이야' 혹은 '나는 귀중한 고객과 상담을 하는 중이야. 누가 처리하겠지' 하고 생각하면서 눈길도 주지 않고 고객을 방치한 채 그대의 업무를 계속한다면 이는 고객에게 '내 일을 방해하는 거야. 혹은 나를 귀찮게 만드는 거야' 라고 말하는 것이나 마찬가지다. 다시 말해, 고객을 귀찮은 존재 또는 그대 업무의 방해꾼 정도로 생각한다고 말하는 격이다.

마음은 금방이라도 고객에게 다가가서 반갑게 맞이하고 싶지

만 그대가 처한 상황 때문에 어쩔 수 없다고 생각하고 아무런 대응 없이 그냥 간과해 버린다면, 그 의도와는 달리 그대가 고객을 훼방꾼이나 귀찮은 존재로 생각한다는 오해를 받게될 것이다. 이럴 때일수록 간단한 눈인사가 그대의 진정한 속마음을 전달하고 오해를 사지 않는 적절한 서비스 테크닉이 된다.

●● 그대의 감정을 통제하라

하루 종일 업무에 시달리다 보면 순간적으로 고객의 존재가 그대를 힘들게 하는 경우가 있다. 만사가 귀찮아질 뿐더러 다가오는 고객이 괴물처럼 느껴질 때도 있을 것이다. 순간적이나마 자신도 모르게 고객을 외면하는 현상이 일어난다. 간단한 눈인사마저 귀찮고 힘들게 여겨져 생략하거나 마지못해 하게 된다. 이처럼 어려운 상황을 보완하기 위해 기술적인 서비스 테크닉을 익혀야 한다.

바른 서비스 테크닉의 습득은 부득이한 경우에도 습관적으로 늘 같은 모습의 서비스 제공이 이루어지도록 훈련하는 데 있다. 어떤 어려운 상황에서도 고객에게 실수하지 않도록 하는 게 훈련 목표가 된다. 물론 고객과 대면하여 서비스를 하고 있는 그대가 고객을 귀찮은 존재나 방해꾼이라고 생각하는 것은 금물이다. 하지만 인간인 이상 순간적으로 일어나는 감정을 완전히 억제할 수는 없다. 그러다 보면 직접적으로는 표현하지 않더라도 지극히 사소한 행동에 고객을 불편해하는 마음이 개입될 수 있다.

불행하게도 고객은 민감하게 이를 놓치지 않고 감지한다. 즉시 그대의 마음을 꿰뚫어보는 것이다. 그대의 마음속에 품고 있는 생각이 은연중에 행동이나 표정으로 나타나기 때문이다. 이렇게 의도하지 않은 행동이나 표현 때문에 발생하는 서비스 실패를 사전에 방지할 수 있는 방법이 바로 세련되고 절제된 서비스 테크닉의 습득이다.

●● 노련하고 세련되게 행동하라

서비스란 감정적이고 상대적이다. 따라서 그대의 일상적이고 평범한 태도마저 어떤 고객에게는 의외로 좋지 못한 인상을 심어 줄 수도 있다. 그대의 몸가짐이나 행동은 의도적이든 의도적이지 않든 고객에게 어떠한 의미를 전달하기 때문에 각별히 신경을 써야 한다.

매순간 기술적으로 행동해야 하는 이유가 그 때문이다. 숙련된 서비스 테크닉은 어려움 속에서 그대를 구할 뿐만 아니라, 그대를 보다 노련하고 세련된 서비스맨으로 인식시킨다.

●● 작은 행동도 주의를 기울여라

고객이 처음 회사의 문을 열고 들어오면서 접하는 그대와 그대 회사에 대한 첫인상은 연이어 벌어질 비즈니스에 상당한 영향을 끼친다. 그대에 대한 느낌이 순간적이나마 부정적이었다면 그 때부터 거래에 좋지 않은 영향을 끼칠 수밖에 없다.

고객에게 보내는 단순한 눈짓을 대수롭지 않게 여기고 무심히 지나쳐서 고객으로 하여금 무시당했다는 생각이 들게 하거나 고객에 대한 배려가 전혀 없다고 느끼게 만들어 버린다면 얼마나 억울할까? 그 고객이 어마어마한 규모의 거래를 위해 방문한 경우라면 그 결과는 더욱 치명적일 수도 있다.

어떤 고객이든 첫 번째 마주친 그대로부터 부정적 이미지를 받았다면 이를 무시하고 그대와 흔쾌히 거래를 진행할 가능성은 거

의 희박하다. 설사 거래를 시작한다 해도 그대를 배제하고 다른 사람과의 관계를 모색할 것이다. 고객이 방문하는 순간의 눈짓 하나가 그대를 이처럼 궁지에 빠트릴 수 있다는 사실을 명심한다면, 고객을 응대할 때마다 작은 몸짓 하나라도 소홀히 하긴 어려울 것이다.

●● 훈련된 서비스 테크닉의 효과

고객을 배려하고 고객에게 봉사하겠다는 진솔한 마음 뒤에 그 진솔함을 정확하게 표현할 수 있는 테크닉을 갖추고 있을 때, 그 서비스의 효과가 배가되어 고객 만족을 달성할 수 있을 것이다.

마음만 있고 그 마음을 적절하게 표현하지 못한다거나 의도한 바와 전혀 다른 형태로 표현되는 서비스 행위는 고객에게 신뢰를 주지 못한다. 서투른 서비스 태도는 고객과 지속적인 관계를 구축하지 못하고 단발성으로 끝나 버린다. 고객을 배려하고 진심으로 존중하는 마음을 바탕으로 고객에게 충분히 그 마음을 전달할 수 있는 바른 서비스 테크닉을 효과적으로 구사할 때 완벽한 서비스가 가능해진다.

고객에게 똑같은 서비스를 제공하면서도 제공하는 과정의 기술적인 방법을 조련함으로써 그 효과를 배가시켜야 한다. 고객과의 대면 서비스에서 인사 요령을 강조하면서 미소, 표정 관리, 고객과 대화하는 법, 말투나 어휘를 선택하는 법, 외국어를 구사하는 능력, 이미지를 효과적으로 연출하는 법, 고객 앞에서 삼가야 할 일, 문제를 해결하는 기법, 자신 있게 서비스하는 방법 등 서비스 테크닉을 개발하고 배우고 실천하는 것도 그 때문이다.

본사로부터 정형화된 맛의 음식이나 상품을 제공받는 프랜차이즈 가맹점 중에서 유난히 고객이 줄을 잇는 가맹점이 생긴다. 서비스 요원들이 구사하는 서비스 테크닉의 질에 차이가 있기 때문이다.

같은 내용의 처방과 치료를 받으면서도 왠지 훨씬 빨리 완쾌될 것 같다는 느낌이 드는 병원이 있다. 그 이유는 단정한 용모의 의료진과 종사원들, 환자의 편의를 위해 세심하게 신경 쓰는 현장 직원들의 모습들이 '신뢰'라는 이름의 추가 서비스를 제공하기 때문이다. 그대가 제공하는 다양한 서비스 테크닉은 고객을 불만에서 만족으로 만족에서 감동으로 안내하는 친절한 이정표가 된다.

point

세련된 서비스 테크닉은 고객을 존중하는 진솔한 마음과 함께 고객 만족을 배가시키는 핵심 요소들이다.

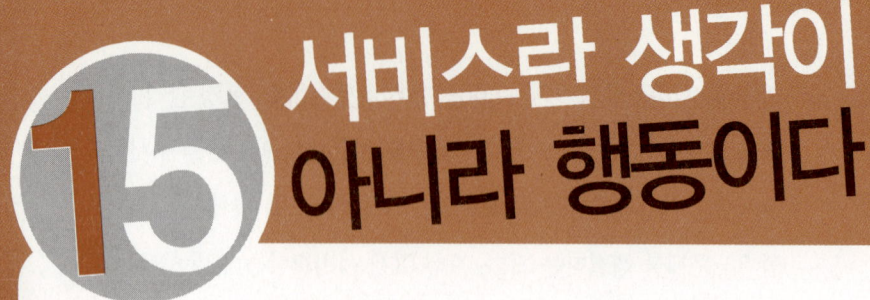

15 서비스란 생각이 아니라 행동이다

행동을 초래시키지 않는 생각, 그것은 생각이 아니라 공상이다.

– 엘리자 램브 마틴

　우리 인간은 머릿속에 수많은 감정과 기억을 담고 살아간다. 기쁨, 사랑, 슬픔, 분노 등과 같은 감정의 보따리 속에는 과거에 대한 아픈 기억이 꿈틀대고 있다. 생각만 해도 가슴 설레는 추억의 순간들이 숨쉬기도 한다. 미래에 대한 계획, 현재의 일에 대한 지식과 정보, 사회적인 상식, 학문적인 이론 등과 같은 무수히 많은 데이터들이 들어 있기도 하다.

　과거의 경험은 언제나 현재와 미래에 대한 밑거름이다. 추억과 같은 감정은 정신적으로 현재를 지탱하는 버팀목이다. 수많은 지식과 정보는 미래를 계획하는 기초적인 도구들이 된다. 이러한 모든 지식과 정보들이 머릿속에서만 맴돌지 않고 기꺼이 밖으로 튀어나와 공기 속에서 활성화되어야 그 가치를 충분히 발휘할 수 있다.

머릿속에서 나오지 않고 행동으로 연결되지 않으면 그것은 아무 쓸모 없는 잡동사니에 불과할 따름이다. 괜히 쓸모 없는 잡동사니를 무겁게 이고 다니는 격이다. 아무리 많은 지식과 정보를 쌓았더라도 그것을 통해 미래와 현재를 위한 계획을 세우지 못하거나 어렵게 좋은 계획을 세워 놓고 그 계획과 목표를 실행에 옮기지 못한다면 무슨 의미가 있겠는가?

●● 행동으로 옮겨라

서비스를 계획하고 고객에 대한 지식과 정보를 모으는 일은 멋진 서비스를 수행하기 위한 준비 단계다. '바보는 생각만 하고 천재는 실천한다'는 격언이 있다. 우리 인간의 95%는 계획만 하고 나머지 5%의 인간만이 행동으로 옮긴다. 실제로 행동하고 실천하는 것이 쉬운 일은 아니다. 좋은 서비스를 수행하려면 충분히 생각하고 신중히 고려하는 과정이 필요하다.

그러나 계획만 세우거나 생각만 하고 실제로 실천하지 않고 행동으로 옮기지 못하면 아무리 좋은 서비스 계획이더라도 그 가치가 없어진다. 철저한 사전 조사와 연구로 우수한 계획과 목표를 수립했으면 주저 없이 실행에 옮겨야 한다. 행동과 실천이 이루어

겼을 때 비로소 그 실체가 드러날 수 있다.

그대가 직접 움직여야 고객이 그대의 진심을 알게 된다. 머릿속에 아무리 좋은 생각과 계획이 들어있다고 한들 무슨 소용이 있겠는가. 계획은 있고 실행이 없다면, 재능이 있으나 최고의 조각품을 빚지 못한다면, 길거리에 굴러다니는 쓸모 없는 돌덩이와 다름없다. 그런 관점에서 서비스는 '실천'이요 '행동'이요 '표현'이다.

다음은 어느 항공사의 홈페이지에 올라온 고객의 소리다.

늘 항공사의 서비스에 대해 굉장히 나쁜 인상을 가지고 있었습니다. 대학 시절 비행기를 처음 이용했을 때 보여 준

승무원의 거만하고 무례한 태도가 아직도 뇌리에 생생하기 때문입니다. 주로 열차나 버스를 이용하지만 이번 가족 여행에는 플로리다까지 비행기를 이용하기로 했습니다.

그러나 이번 비행은 이제까지 항공사에 대한 나쁜 인상을 완전히 바꾸어 버린 계기가 되었습니다. 탑승 카운터에서부터 직원의 적극적인 안내를 받아 비행기 트랩에 올랐습니다. 비행기를 타고 여행하던 중에 유난히 친절하고 상냥한 승무원이 있어 이를 잊지 않고 기억하다가 이 승무원의 친절에 고마움을 표하고자 이렇게 글을 올립니다.

시간이 어느 정도 지났음에도 불구하고 그 승무원을 기억하는 이유는 다름이 아닙니다. 여러 차례의 질문에 단 한 번도 찡그린 표정 없이 밝은 미소로 답하고, 밤늦은 시간에도 피곤한 기색 없이 고객 사이를 수없이 휘젓고 다니면서 성심 성의를 다하는 모습에 우리 부부는 감동을 받았기 때문입니다.

그 승무원은 내내 밝고 유쾌한 모습을 유지했습니다. 자신의 일에 즐거움과 보람을 느끼는 듯한 모습이 보기 좋았습니다. 그녀와 만남 때문에 이번 여행은 정말 오래도록 기억하고 싶었습니다. 다음 여행 때도 이 승무원을 만날 수 있는 행운이 오기를 기대합니다.

●● 한 걸음 더 움직여라

고객을 위한 멋진 서비스를 구상하고 계획을 수립했다면 적극적으로 실천하고 표현해야 한다. 그래야 비로소 고객은 그대의 마음을 인지하고 평가하게 된다. 고객에 대한 사랑과 봉사의 마음을 품고 있다면 그것을 적극적으로 표현하고 행동으로 보여 주어라. 그래야 고객이 그대를 인정하고 그대의 마음을 느끼게 된다. 마음을 표현하지 않으면 고객이 어떻게 그대의 속마음을 알아차릴 수 있겠는가?

고객은 단순하다. 흡족하게 만들어 주면 즐거워한다. 무례하거나 공손하지 않으면 섭섭한 감정을 느끼고 불쾌하게 생각한다. 남들보다 더 많은 관심을 받으면 만족을 느낀다. 무시당했다고 생각하면 화를 내거나 짜증을 낸다. 자기를 알아주면 즐거워하면서 좋은 서비스라고 칭찬한다. 자기가 인정받지 못했다고 판단되면 괜히 트집을 잡는다.

좋은 서비스는 움직이는 것이다. 한 번 더 말하고 한 발짝 더 움직이면 좋은 서비스가 된다. 한 번 더 인사하고 한 번 더 관심을 가지면 뛰어난 서비스가 되는 것이다. 논의 벼는 농부의 발걸음 소리를 듣고 자란다. 고객 만족은 현장에서 그대의 발걸음 소리를 들으며 커 간다.

서비스란 똑같은 행동의 지루한 반복이다. 귀찮고 어려운 일이다. 이런 어려운 순간을 극복하고 힘든 순간들을 이겨낼 때 더 많은 고객이 그대의 서비스를 인정한다. 한 걸음 더 움직이면 그 만큼 더 많은 고객에게 그대의 손길을 보낼 수 있다. 닿으면 무엇이든 모양을 변하게 만드는 마술 지팡이처럼, 더 많은 고객에게 그대의 손길을 뻗어 고객의 마음을 변화시킴으로써 열광하고 감동하는 그대의 팬으로 만들어라.

●● 세부적인 실천 방안을 고안하라

고객을 위해 최고의 서비스 전략을 수립했다면 즉시 실행에 옮기고 전달하라. 책상 위에 아무리 좋은 서비스 전략과 기획 안이 가득 쌓여 있다고 할지라도 실행으로 이어지지 않는다면 그것은 단지 책상 위에 쌓인 휴지 조각일 뿐이다. 아무리 좋은 고객 만족 방안과 비전을 제시해도 현장 서비스 요원들이 이해하지 못하거나 실행하지 않는다면 그것 또한 아무 쓸모 없는 일이다. 최고의 서비스 전략과 계획이 수립되었으면 그 계획이 현장에서 충분히 실행되고 효과를 발휘할 수 있도록 세밀한 실천 방안과 시스템을 고안해야 한다.

서비스 교육을 받을 때 고객에게 'NO' 라는 부정적인 대답을 하지 말라고 배웠을 것이다. 하지만 현장에서 부득이 'NO' 라고 대답할 수밖에 없는 상황을 너무 자주 만나고 있다. 이러한 상황이 발생하는 것은 그대의 능력이나 고객에 대한 부정적인 마음 때

문이 아니다. 효과적인 실행 시스템의 뒷받침이 부족하여 발생하는 경우가 태반이기 때문에 문제의 심각성이 큰 것이다. 한두 번은 현장에서 임기응변으로 문제를 해결해 나갈 수는 있지만, 같은 상황이 반복되면 현장에서 해결하기에는 어려운 사안이 되어 버린다.

"항상 고객에게 긍정적으로 대답하라." 이처럼 보석 같은 행동 강령은 자연히 그 빛을 잃어 간다. 현장에서 전혀 적용하지 않는 쓸모 없는 행동 지침이 되어 버리는 것이다. 우수한 서비스 계획과 전략을 세웠으면 반드시 완벽한 시스템과 구체적인 실천 방안이 함께 운용되어야 한다.

●● 그대가 직접 결정하라

길거리에서 쉽게 만나는 스타벅스 커피. 고객이 매장에서 커피의 맛만 즐길 수 있도록 모든 분위기를 조성하는 데 만전을 기한다. 그 노력의 일환으로 본사에서 현장 서비스 요원을 교육시킬 때, 반드시 고객에게 'YES'라고 대답하도록 주문한다. 매장을 방문한 고객이 불친절한 서비스 요원 때문에 신경이 쓰여 커피 맛을 즐기지 못하는 것을 방지하기 위해서다. 고객에게 'YES'라고 대답하도록 교육하는 것은 어느 서비스 기업에서나 동일하다.

하지만 스타벅스는 현장 서비스 요원들이 고객에게 항상 'YES'라고 대답할 수 있는 권한을 추가로 부여하고 있다. 이것이 뛰어난 서비스 기업과 그렇지 못한 기업의 차이점이다

Tip

미국의 전설적인 서비스 기업으로 지구촌 사람들에게 회자되는 노드 스트롬 백화점. 이 회사에 입사할 때 가장 먼저 받는 환영 인사는 다음과 같다.
"노드 스트롬에 입사하신 것을 환영합니다. 그대와 함께 일하게 되어 기쁩니다. 우리의 최고 목표는 탁월한 고객 서비스를 제공하는 데 있습니다. 개인적 목표와 전문 직업인으로서의 목표를 하나같이 높이 설정하십시오. 우리는 그대가 그 목표를 성취할 만한 능력이 충분하다고 확신합니다.

> 노드 스트롬의 사내 규정을 소개합니다. 제1조! 어떠한 상황에 처하더라도 귀하의 현명한 판단에 따르십시오. 그 외에 다른 규정은 없습니다. 궁금한 사항이 있으면 언제라도 부서장, 점포장, 사업부 책임자에게 자유롭게 질문하십시오."

고객 서비스란 관리자의 시선이 닿지 않는 수많은 현장에서 순간적으로 일어난다. 따라서 관리자가 이 같은 서비스의 순간(MOT)을 일일이 통제하는 것은 사실상 불가능하다. 따라서 뛰어난 서비스를 제공하기 위해서는 가능한 한 고객과 가장 가까운 곳에서 고객 서비스를 담당하는 현장 서비스 수행자들이 의사 결정 권한을 갖는 게 절대 필요하다.

'그대가 직접 결정하고 판단하라.'

그 주문은 서비스의 재량권이 일선 직원과 창구 직원들에게 일임되었고 업무에 필요한 모든 시스템이 지원된다는 사실을 의미한다.

고객 서비스 전략과 계획은 현장에서 충분히 실행되고 효과적으로 수행될 때만이 그 의미를 다할 수 있다. 아무리 최고의 서비스 전략과 계획을 수립했다 하더라도 그 실천 방안과 시스템이 뒷받침되지 않거나 현장 서비스 요원들의 실천 의지와 노력이 뒤따르지 않는다면 그 효과는 미미할 따름이다.

뛰어난 서비스 실천은 완벽한 서비스 전략의 수립과 이를 효과적으로 실행 가능한 시스템의 지원, 현장 요원들의 부단한 실천 노력 등이 환상적으로 조화를 이룰 때 그 빛을 발할 수 있다.

point

한 번의 실천이 수천 번의 생각보다 더 훌륭한 서비스를 수행하는
길이다.

2부

서비스 마인드

마음을 다스려라

16 사명감을 가져라

성공하는 사람들이란 자기가 원하는 환경을 찾아내는 사람들이다.
바라는 환경을 발견하지 못하면 스스로 만들면 된다.

-조지 버나드 쇼

맞춤형 서비스로 성공하라!

사명감이란 자기에게 맡겨진 임무를 철저하게 수행하려는 마음이나 의지를 말한다. 자기에게 맡겨진 임무란 사람마다 다르다. 교사의 임무는 학생들을 가르치는 것이고 의료인의 임무는 환자를 치료하는 일이다. 군인에게는 나라를 지키는 일이고 직장인에게는 자기 위치에서 맡은 바 직무를 다하는 것이다. 사명감이 투철한 교사는 학생들을 바르게 가르치기 위해 노력하고 군인은 굳은 사명감으로 나라를 철통같이 지킨다. 만약 사명감이 없다면 의료인은 환자를 보살피는 일을 귀찮아하고 힘들어할 것이며 정치인은 국민을 보살피는 일을 게을리 할 것이다.

서비스인의 사명감은 고객 만족을 자신의 보람으로 여기고 이를 위하여 최선을 다하고자 하는 마음이다. 사명감은 자신의 일에 대한 자부심과 긍지에서 비롯된다.

●● 자신의 일에 의미를 부여하라

Tip

두 사람의 벽돌공이 신전(神殿)을 짓는 공사에 참여했다. 한참 벽돌을 쌓고 있던 한 벽돌공에게 물었다.

"그대는 지금 무슨 일을 하고 있습니까?"

"벽을 만들기 위해서 돌을 쌓고 있소."

한 석공이 대답했다.

"그대는 지금 무슨 일을 하고 있소?"

다른 석공에게 다시 물었다.

"나는 지금 신의 보금자리를 만들고 있습니다."

그 석공이 대답했다.

이처럼 자신의 일에 대한 자부심과 긍지가 있는 사람은 전반적인 업무 진행과 그 결과에 의미를 부여한다. 그와 같은 자세는 맡겨진 일에 최선을 다하도록 자극할 뿐만 아니라 완벽한 작품을 만드는 데 기여한다.

정치인들이 단순히 직업으로 정치를 하지 않고 맡겨진 일에 '국민을 위한 봉사'라는 의미를 부여한다면 국민을 위해 최선을 다하게 된다. 의료인 또한 단순히 직업인으로서의 의사와 간호사

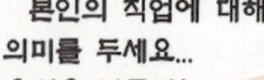

본인의 직업에 대해
의미를 두세요...
단순히 음식을 나른다는
스스로의 비하 말고
봉사와 희생의 실천이라는
뜻깊은 의미를...
무엇보다 본인을 자랑스럽게
여기며, 스스로를 사랑하세요~

어렵죠?
뜬구름 잡기같죠?

가 아니라 '환자를 위한 희생'에 직업적 의미의 비중을 둔다면 맡은 일에 더욱 보람을 느끼고 충실해질 것이다.

서비스 담당자인 그대가 맡겨진 일에 '고객에 대한 봉사와 배려'라는 의미를 부여한다면 고객 만족의 당위성을 쉽게 찾을 수 있을 것이다. 그대는 고객을 위한 서비스 수행에 보람과 긍지를 가지고 고객을 바라보아야 한다. 그게 가능해질 때 고객을 배려하는 일에 빈틈 없이 대비하는 것은 물론이고 늘 고객을 생각하게 된다. 고객이 즐거워하는 곳에 그대의 보람이 있기 때문이다.

●● 최선을 다하라

1912년 4월 14일 밤 11시 40분. 세계 해운 사상 가장 큰 참사가 북대서양에서 일어났다. 1년 전 영국 화이트 스타 선박 회사에 의해 제작된 초호화 여객선 '타이타닉(Titanic)'호가 뉴욕으로 가는 첫 항해 중에 빙산에 부딪혀 가라앉은 것이다.

타이타닉호는 그 당시로는 지구상에서 가장 큰 여객선이었기 때문에 세인들의 많은 관심을 받고 있었다. 불침선(不沈船 : 절대 가라앉지 않는 배)이라고 자랑하던 이 배가, 처녀항해 때 빙산에 부딪혀 난파할 줄 그 누가 알았으랴.

이 끔찍한 사고로 2,208명 중 1,513명이 목숨을 잃었다. 느긋하게 여행을 즐기고 있던 승객들은 배가 기울고 있다는 소식을 듣자 넋을 잃은 채 어쩔 줄 몰랐다. 갑자기 배 안은 아수라장으로 변했다. 자칫하면 모두가 떼죽음을 당할 급박한 처지였다. 만일 승객들이 너도나도 몇 개 안 되는 구명보트로 몰려든다면, 힘이 약한 어린아이와 부녀자들은 모두 밟히거나 떠밀려 바다에 빠질 형편이었다.

바로 그 때였다. 어디선가 조용한 음악이 울려 퍼지면서 기적 같은 일이 벌어졌다. 우왕좌왕하던 배 안의 분위기가 갑자기 가라앉고, 누가 먼저랄 것도 없이 대부분의 남자들이 여자와 노인과 어린이들을 보드로 안내하기 시작했다.

그 급박하고 위급한 상황에 일곱 명의 악사들이 침착하게 아름다운 음악을 연주하기 시작했다. 세계에 그 이름이 널리 알려진 명사들조차 이민 가는 가난한 부인과 초라한 어린이들을 위해 자기 자리에 묵묵히 서 있었다. 승무원들이

사명감을 가져라

헌신적으로 어린이와 부녀자들을 보트에 태우는 동안 37명의 기관사들도 끝까지 기관실을 지켰다. 어느 누구도 아이들을 밀치고 보트에 타려는 사람은 없었다.

4월 15일 새벽 4시 10분. 타이타닉의 거대한 선체가 모습을 완전히 감추자, 차가운 밤바다에는 보트에 탄 아이와 부녀자들만 떠 있었을 뿐, 1,513명의 남자들은 물 속으로 사라지고 없었다.

9·11 테러가 발생한 당일 미국으로 가던 모든 항공기들은 미국 내 전역의 모든 공항이 폐쇄되어 어쩔 수 없이 항로를 바꾸어야 했다. 주변의 캐나다와 멕시코 등지에 임시 착륙을 해야만 했다. 어떤 항공기이든 착륙 지역을 변경하여 주변에서 가장 가까운 지역을 임시 착륙지로 결정해야 했다. 그 임시 착륙 지역에 해당 항공사의 지점이 있어 지상 지원 업무가 가능한지 여부를 고려할 경황이 아니었다. 일단 착륙이 급선무였기 때문이다.

다행스럽게 해당 항공사의 지점이 존재하는 경우엔 별반 어려움이 없었지만 그렇지 못한 사례가 더 많았다. 착륙 이후 지상 업무 지원이 안 되는 것은 너무도 당연했다. 현지에 지점이 없는 항공사는 미국 내 가까운 지역의 직원들이 버스로 달려와서 지원해야 했다. 그러다 보니 최악의 상황이 초래되었다. 지원이 늦어지는 바람에 승객들의 아우성이 대단했다.

무엇보다 가장 시급한 일은 식사와 잠자리의 제공이었지만,

항공사의 승무원들이 지상 업무에 대해 문외한이어서 속수
무책이었다. 오직 지상 지원 담당 직원들이 도착하기만을
기다릴 뿐이었다. 그 상황에서 승무원들이 할 수 있는 일이
란 승객들을 진정시키고 직원이 도착한 후를 약속하는 일
외에는 달리 방도가 없었다.

결국 지상 업무 담당 직원들이 도착하면서 승객들이 숙소로
이동하고 각자 방으로 올라가기 시작했다. 그 순간 승무원
들의 행동은 승객들의 마음을 움직이기에 충분했다. 승무원
모두가 오랜 비행과 기다림, 승객들의 배려에 지칠 대로 지
친 상태였었다.

비록 힘들고 피곤하지만 승무원들은 마지막 승객 한 사람이
숙소로 올라가기까지 최선을 다해 승객을 보살피는 헌신적
인 모습을 보여 주었다.

타이타닉호에 승선했던 승무원들, 악사들, 신사들은 최후까지
승객의 안전을 책임져야 한다는 사명감으로 목숨에 연연하지 않
고 맡겨진 역할을 희생적으로 완수했다. 타이타닉호의 승무원들
처럼 목숨을 걸어야 하는 위급한 상황은 아니지만, 항공기 승무원
들도 목적지까지 승객의 안전과 편안함을 책임져야 한다는 사명
감으로 끝까지 승객과 고난을 함께 해야 하는 임무를 실천했다.
단순히 벽돌을 쌓아 올린다는 생각으로 작업을 하는 게 아니라,
신의 보금자리를 만드는 성스러운 공사에 내가 참여한다는 자부
심이 있어야 가능한 사명 의식 때문이었다.

사명감은 평범하고 일상적인 수준을 넘어 더 많은 역할을 하도록 지원하는 매개체다. 그 일이 무엇이든 자신의 일에 최선을 다하도록 만들어 준다. 자신의 임무가 목적지까지 승객을 안전하고 편안하게 보살피는 것이라 믿고, 그 과정에 어떠한 어려움이 있어도 최선을 다하여 임무를 완수해야 한다. 고객에 대한 책임감, 고객을 위해 봉사하는 가치 있는 일을 한다는 자부심이야말로 사명감의 출발점이다.

●● 서비스 문화 구현의 초석을 다져라

비록 생명의 위협을 느낄 만큼 위급한 상황은 아니지만, 현장에서 근무하는 서비스맨들은 나름대로 사명 의식을 가져

야 한다. '고객에 대한 봉사와 배려의 실천으로 새로운 서비스 문화를 구현한다'는 명제가 그대의 사명 의식을 구축하는 데 바탕이 될 수 있다.

서비스는 감정적인 면이 강한 업무이기 때문에 서비스 요원들의 의식 속에 이러한 사명 의식이 존재하는지 여부에 따라서 서비스에 적지 않은 영향을 끼친다. 사명 의식은 그대에게 책임감과 긍지를 불러일으킨다.

서비스맨으로서의 자긍심과 자부심은 곧 서비스 업무를 수행하는 보람으로 연결되어 신바람 나는 서비스 현장을 만드는 것이다. 밝고 활기찬 현장은 서비스의 질을 향상시키고 이는 바로 고객 만족으로 이어진다. 고객 만족은 단순히 회사의 수익 증대에만 국한되지 않는다. 고객 만족을 통한 회사의 이익은 다시 사회로 환원된다. 따라서 고객의 만족은 회사의 만족이며 회사의 만족은 직원의 만족이다. 만족한 직원은 고객들에게 만족을 선사하고 만족한 고객들로 가득한 사회는 건강하고 밝은 사회로 변모해 가는 것이다. 결국 새로운 서비스 문화의 구현은 밝고 건강한 사회의 초석이 된다.

단지 지루한 현장에서 하루하루 단순 업무를 수행하고 있다는 생각을 버려라. 보다 넓고 큰 안목으로 새로운 서비스 문화를 창조한다는 사명감을 가지고 서비스 업무에 임하라. 그리고 그대의 업무에 의미를 부여하라. '봉사와 희생의 실천으로 사랑이 넘치는 건강하고 아름다운 사회를 구현한다'는 깊은 의미를 그대가 수행

하고 있는 서비스에 담아라. 고객에게 수행하는 서비스가 단지 귀
찮고 힘든 일만은 아니라는 사실을 깨닫게 될 것이다.

point

사명 의식을 가져라. 그것이 그대의 서비스를 더욱 빛나게 만들어
줄 것이다.

고객을 직접 경험하라

그대는 백화점 슈퍼마켓의 계산대 앞에 죽 늘어선 줄 한가운데 서서 차례를 기다려 본 적이 있을 것이다. 그대가 서 있는 줄보다 더 빨리 줄어드는 옆 계산대를 보고 어떤 생각을 했는가? 그대가 서 있는 줄을 담당하는 계사대의 직원이 일을 잘못하는 것은 아닌지, 서비스와 관계없는 불필요한 일에 시간을 소모하고 있는 건 아닌지, 괜히 의심스런 눈초리로 계산대의 직원을 째려본 경험은 없는가? 할인점에서 휴지 한 통 사고 계산하려는데 그대 앞에 선 사람의 쇼핑 수레 안에 산처럼 쌓여 있는 물건들을 보고 가슴이 답답했던 기억은 없는가?

목적지의 악천후 때문에 지연되는 항공기의 출발을 마냥 기다리고 있는데, 후속 조치에 대한 한마디 설명도 없이 단순히 운항 취소만을 통보하는 내용의 방송을 들었을 때 느꼈던 당혹스러움. 호텔의 욕실에서 샤워하다가 냉·온수 조절이 되지 않아 냉수가 갑자기 뜨거운 물로 변하는 바람에 화들짝 놀란 경험…. 당장 달려가 전화기에 대고 고래고래 소리를 지르고 싶은 감정을 억누른 기억들은 누구나 가지고 있을 것이다.

●● 고객 경험은 서비스의 바탕이다

그대가 고객이었을 당시 느꼈던 수없이 많은 불편한 경험들을, 지금 그대의 매장에서 그대의 서비스 상품을 이용하는 고객들이 똑같이 체험하고 있다.

끊임없이 반복되는 고객과의 접점에서 고객이 무엇을 원하는지 안다면 그대는 훨씬 쉽게 일을 처리할 수 있다. 고객이 무엇을 불편하게 느끼는지 예측할 수 있다면 그대는 고객을 아주 편안하게 도와 줄 수가 있다.

고객의 자격으로 그대가 경험한 문제점들이 이 고민을 해결해 준다. 고객의 입장에서 경험한 바를 근거로 그대의 고객에게 적합한 서비스를 제공한다면, 그대는 고객으로부터 최고라는 찬사를 받을 수 있을 것이다. 현장 서비스 직원들을 관리하는 관리자의 위치에 있거나, 직접 현장 서비스를 담당하고 있거나, 직접 고객

이 되어 고객의 위치에서 실질적으로 고객이 원하는 것을 경험할 기회를 많이 가져라.

서비스를 제공하는 입장에서 예측하는 고객의 욕구와 기대는 아무래도 미흡할 수밖에 없다. 고객의 입장에서 경험했던 것들을 그대가 직접 서비스를 제공할 때 적극 활용한다면 고객이 원하는 바를 정확히 해결해 주는 고객 서비스가 된다. 그대가 경험한 고객 체험을 서비스를 점검하는 지침으로 활용하라. 그게 가능해질 때, 고객과 만나는 그 순간 가장 적합한 서비스를 수행하고 있는지 여부를 명쾌하게 점검할 수 있게 된다.

●● 서비스는 현장 업무다

고객의 입장에서 생각하고 고객의 관점에서 행동하라는 말을 귀가 따갑도록 들었을 것이다. 그러나 수백 번 듣는 것보다 단 한 번이라도 현장에 나가 길게 늘어선 줄 한가운데 서서 지루한 기다림을 체험해 본다면 그것이 얼마나 짜증나는 일인지 깨닫게 된다.

직접 고객이 되어 일련의 서비스 사이클을 경험하고 평가하면서 절감할 수 있다면 그보다 좋은 경험은 없을 것이다. 곳곳에 존재하는 미세한 부분의 고객 감정까지 느껴 보고 체험하고 나면, 매너리즘에 빠져 아무 생각 없이 반복적으로 수행하던 현장 서비스에 새로운 활력을 불어넣어 줄 수 있는 계기가 된다. 고객이 정말 필요할 때 고객에게 가장 적합한 서비스를 제공하는 방법을 터득하기 때문이다.

스스로 고객이 돼 보라. 서비스 담당자의 기준으로 판단하여 제공하는 서비스가 아니라, 경험에서 우러나오는 진정한 고객 지향적인 서비스를 펼칠 수가 있다. 수많은 기업들이 직원들에게 고객 체험 프로그램을 적극 활용하도록 유도하는 것도 그 때문이다.

단순히 반복되는 스마일 훈련이나 고객 응대 요령에 대한 교육은 일시적으로는 반짝 효과를 발휘 할 수는 있다. 그러나 일정 기간이 지나면 약효는 떨어지고 만다. 강의실에서 진행되는 간접적인 친절 교육이나 서비스 향상 훈련은 훈련 센터를 나가면서 모두 잊어버리는 경우가 태반이다. 피부에 와 닿는 실질적인 경험에서 비롯된 것이 아니기 때문이다.

서비스는 현장 업무다. 고객과 직접 얼굴을 맞대고 생활하면서 벌어지는 실전이다. 강의실에서는 현장에서 실제로 존재하는 미묘한 고객의 심리 상태를 가르쳐 주지는 못한다. 때문에 현장에서 그대가 직접 경험하고 느껴야 한다. 고객에게 실질적이고 장기적인 양질의 서비스를 제공하고자 한다면 고객과 함께 하는 데 시간을 투자하라. 그리고 실질적으로 고객이 되어 체험하고 느껴라.

●● 고객 체험을 이용하라

Tip

오랫동안 앙숙 관계로 지내던 두 사람이 어느 날 우연히 같은 시간에 교통 사고를 당해 정신을 잃었다. 잠시 육체를 떠나 있던 영혼이 제자리를 찾지 못하고 헤매다가 몸이 뒤바뀌어 자리를 잡게 된다.

정신을 되찾은 두 사람은 서로 다른 육체를 가지고 서로 뒤바뀐 환경 속에서 살아가는 처지가 된다. 서로 입장이 바뀐 채 살아가면서 왜 서로 의견이 맞지 않았는지 그 당시에 상대방이 왜 그렇게 처신할 수밖에 없었는지 이해하게 된다. 스스로 사소하게 생각했던 일들이 상대방에게는 너무도 절실했다는 사실을 알게 되고 비로소 서로 이해하게 된다.

결국 다시 한번 우연한 교통 사고를 당하고 육체와 영혼이 제자리를 찾게 된다. 그제야 두 사람은 서로의 입장을 충분히 이해하며 살아간다.

고객 체험이란 서비스 제공 담당 직원이 보다 나은 서

비스를 고객에게 제공하기 위한 것이다. 실질적으로 고객이 되어 고객의 상황을 체험하면서 고객이 느끼는 불편한 점을 개선하고자 하는 의도에서 실시하는 프로그램이다. 하지만 고객 체험을 반드시 근무하는 매장이나 현장에서 해야 하는 성격은 아니다. 그대는 항상 서비스를 제공하는 제공자의 역할만을 맡는 게 아니다.

업무가 끝나면 그 순간부터 고객으로 변신하게 된다. 저녁 식사를 위해 식당을 찾고 친구들과 함께 술집을 찾아가고 백화점에 들러 물건을 구입하고 가족들과 영화를 본다. 고객의 위치에서 많은 경험을 하는 것이다. 무심히 지나칠 수 있는 기회와 경험이지만 조금만 주의를 기울이면 많은 점을 배울 수 있다. 고객의 심리는 동일하다. 그대가 느꼈던 바와 같이 고객들은 때로는 까다롭고 때로는 변덕스럽다. 그대의 고객 체험을 적절히 활용하라. 그래야 고객들이 즐거워할 것이다.

●● 세심한 배려는 경험에서 나온다

커피 자판기가 곳곳에 있기 때문에 언제라도 원하는 커피를 저렴한 가격에 구할 수 있다. 그럼에도 불구하고 굳이 고급 호텔의 커피숍을 이용하거나 비싼 유명 브랜드의 커피를 마신다. 단순히 커피라는 음료를 마시고 싶은 욕구를 해소하려는 데 그치는 게 아니라, 고급 커피숍이나 유명 브랜드의 커피를 통해 공간적 · 문화적 · 감성적인 부가가치를 누리고자 하기 때문이다.

고급 커피숍에서 커피를 마시면서 공간적인 부가가치를 느끼고 유명 브랜드의 커피를 마시면서 감성적인 가치를 직접 체험해 보면, 고객의 심리 상태가 어떠한지 직접 경험할 수 있다. 고객이 그 순간 어떠한 만족을 느끼는지, 왜 그렇게 느끼는지, 그 만족을 위해 무엇이 필요한지 깨닫게 될 것이다.

마음으로 고객을 느껴야 한다. 고객의 욕구를 직접 경험으로 느낄 때 진실한 의미의 고객 만족 서비스를 창출할 수 있다. 고객 감동은 작은 만족이 쌓여야 가능해진다. 고객을 위해 세심한 부분까지 주의를 기울이고 관심을 가진다면 고객은 결코 그대의 기대를 저버리지 않을 것이다.

큰 것에 가려 자칫 무심히 지나칠 수 있는 작은 것에 대한 배려는 경험과 체험에서 나온다. 고객을 느끼고 고객의 입장을 이해했다면 이제 길다란 대기 줄에서 무작정 고객을 기다리게 하지 마라. 기다리면서도 기다림을 느끼지 못하도록 무언가를 하라. 그것은 TV가 될 수도 있고 퍼즐이 될 수도 있을 것이다.

부득이 고객을 기다리게 해야 할 경우가 생기더라도 고객을 혼자 버려 두지 말고 연결의 끈을 계속 유지하라. 기다리는 고객과 눈을 맞추고 '우리는 그대의 존재를 알고 있다. 걱정하지 마라. 신속히 처리될 것이다'라는 메시지를 전달하라. 확신이 있는 기다림은 결코 지겹지 않고 줄이 길다고 느껴지지 않는다.

point

가능하면 많은 시간을 고객이 되어 고객을 경험하는 데 할애하라. 풍부한 고객 경험이 바로 고객 만족으로 이어지는 지름길이다. 그대가 고객의 입장에서 받고 싶은 만큼 고객에게 베풀어라.

18 내 입장을 이해해 달라고 말하지 마라

> 싸움에서는 한 사람이 천 명을 이길 수도 있다. 그러나 자기에게 이기는 자야말로 가장 위대한 승리자다.
>
> – 석가

아침에 출근해서 오후에 퇴근할 때까지 평소와 다름없이 사고가 일어나지 않고 순탄하게 하루 일과를 마칠 수 있다면 그보다 더 다행스런 일은 없다. 그러나 고객과 직접 접촉하는 현장은 업무의 특성상 사무실 업무와는 달라서 아마 하루도 비정상적인 돌발 상황이 일어나지 않고 조용하게 넘어가는 경우란 거의 없다. 마치 기다리기라도 한 것처럼 돌발 사태가 적지 않게 발생하여 서비스 담당자들의 정신을 홀딱 빼 버린다.

●● 돌발 상황은 예고가 없다

갑작스런 컴퓨터 시스템의 오류로 업무가 마비된다. 동료의 갑작스런 결근으로 그대가 대신 초과 근무를 해야 한다. 인간의 힘으로 어쩔 수 없는 천재지변 때문에 불가항력적인 상황이 발생한다….

이처럼 이루 말할 수 없을 정도로 많은 돌발 상황들이 곳곳에 도사리고 있다가 예고 없이 불쑥불쑥 튀어나온다. 하나같이 만만한 해결책은 없다. 특히 그 돌발 상황은 고객이 집중적으로 몰려드는 가장 바쁜 시간대에 발생한다. 그 상황을 상상만 해도 진땀이 난다. 이리 저리 쉴새없이 뛰어다녀도 일의 능률이 오르기는커녕 점점 더 꼬이기만 한다. 관리자는 계속 소리를 질러대지만 고객의 수는 줄어들지 않고 늘어간다. 참으로 진퇴양난이다.

기계적인 이유이든 천재지변에 의한 것이든 돌발 상황이 벌어지면, 정상적인 상황일 때 소요되는 일 처리 시간보다 두 배 세 배가 더 걸린다. 그러다 보면 서로 손발이 맞지 않아서 엉망진창이된다. 도대체 지금 어떤 일을 하고 있는지 정신을 차릴 수가 없다.

●● 고객의 이해를 기대하지 마라

'오늘만큼은 고객들에게 더 멋진 서비스를 해야지.'

'오늘 하루도 최선을 다해야 한다.'

일을 시작하기 전에는 누구나 다짐을 한다. 하지만 나중에 사고가 벌어질 줄은 상상도 하지 못했을 것이다. 일이 꼬이기 시작하면 아침의 다짐을 잊은 것처럼 친절한 태도와 밝은 미소는 점점 사라지고 짜증이 울컥울컥 치민다.

'하필 지금 이런 일이 일어날 게 뭐야.'

'왜 내게만 이런 일이 일어나지?'

'식사도 못 하고 물 한잔 마실 시간도 없이 일하고 있는데, 왜 저 사람들은 나를 이해하지 못하는 걸까?'

'내 잘못도 아니잖아? 날씨가 갑자기 나빠졌으니 도대체 나보고 어쩌란 말야?'

'컴퓨터 관리부서 녀석들은 도대체 무얼 하는 거야? 맨날 고장이 나니 말야.'

서비스맨에게
'하필이면', '왜 나한테만'
이런 말은 없습니다.
자신감을 갖고
본인의 감정을 다스리세요~
상황에 대한 이해는
고객의 몫이 아닙니다...

열을 내며 씩씩거려 보지만 조금도 상황은 나아지지 않는다. 고객들은 짜증을 내기 시작한다. 고객들의 말 한 마디 한 마디는 가시가 돋친 듯 매섭다. 상황이 이 정도에 이르면 그대의 마음속에도 공연히 뜨거운 것들이 치솟기 시작한다. 괜히 짜증이 나고 표정은 무뚝뚝해진다.

이처럼 난감한 상황에서 고객을 맞이한다고 상상해 보라. 어떻게 밝은 모습을 보여 줄 수 있겠는가? 부드럽고 상냥한 목소리 대신 거칠고 투박한 대답이 나오고 밝은 표정은 온데 간데 없어진다. 눈맞추며 미소짓는 직원의 모습을 기대하던 고객의 얼굴을 쳐다보지 않고 잔뜩 찌푸린 얼굴로 일하게 된다. 소박한 기대가 무너져 언짢아진 고객들은 실망만 가득 안고 돌아선다. 고객은 그대의 처지를 조금도 이해하지 못한다. 다만 기분 나쁘게 돌아간 뒤에 다시 찾아오지 않을 뿐이다.

●● 프로는 위기에서 진면목을 보인다

이처럼 비정상적인 상황은 곧 위기이자 기회의 순간이 된다. 돌발 상황을 슬기롭게 극복할 수 있어야 비로소 프로 서비스맨이 된다. 정상적인 상황에서는 어느 누구나 문제없이 일을 순조롭게 처리해 나갈 수 있다. 다소 실수를 하더라도 고객들은 불만 없이 부드럽게 넘어간다. 설사 불만을 제기하는 고객이 있다 하더라도 충분한 시간을 갖고 문제를 해결해 나갈 수 있다.

하지만 갑자기 비정상적인 일이 발생하면 상황은 180도 달라진다. 고객들의 목소리가 커지고 요구 사항이 많아진다. 여기저기서 불만 섞인 소리들이 나오기 시작한다. 고객들도 평소와는 달리 아주 사소한 일에도 불만을 터뜨리고 차분하게 기다려 주지 않는다.

사실 이 때가 고객 서비스 담당자인 그대에게는 가장 중요한 시점이다. 고객과 마찬가지로 흥분하거나 짜증을 내고 마음의 안정을 잃어버린다면, 지금까지 힘들게 쌓아 올린 고객 만족의 공든 탑이 한순간에 무너져 버린다. 프로 서비스맨은 이 위기의 순간을 슬기롭고 지혜롭게 극복할 수 있어야 한다.

'일어나라. 깨어나라.'

지금 이 순간이야말로 진짜 중요한 시점이란 사실을 인식하라. 바로 이 순간이 영원히 고객을 잃어버리느냐, 아니면 진실로 신뢰를 가지고 평생 동안 고객과 장기적인 관계를 유지해 나갈 수 있느냐, 하는 갈림길이 될 수 있다.

마음을 진정시키고 정신을 차린 다음 흥분을 가라앉혀라. 아침에 다짐한 최선의 서비스 실천 맹세를 되새겨라. 이와 같은 상황일수록 더욱 더 밝은 표정과 상냥한 인사말로 고객을 상대하라. 시간이 흐르면서 상황은 서서히 진정될 것이다. 그대의 프로다운 진면목이 그 가치를 발휘해야 하는 시간이다.

●● 돌발 상황의 피해자는 고객이다

　비정상적인 상황이 발생하면 일차적으로 가장 먼저 불편을 느끼는 쪽은 당연히 업무를 수행하는 담당자다. 하지만 입장을 바꿔 놓고 생각하라. 그 돌발적인 상황으로 야기된 피해는 고스란히 고객들이 감수해야 한다. 사실상 최대의 피해자는 그대가 아니라 고객들인 것이다.

　평소 때 30분이면 충분한 일이 1시간이 흐르고 심지어 2시간이 지나도 나아지지 않는다. 언제 회복이 가능할지 불확실하니 약속은 깨지고 연이어 스케줄이 꼬이게 된다. 그나마 약속을 다시 조정할 수 있거나 시간이 걸려도 해결이 된다면 다행이다. 하지만 시간만 잡아먹고 제대로 풀리지 않으면 그보다 더 황당한 경우는 없을 것이다.

고객들은 경제적으로나 정신적으로 막대한 피해를 입는다. 사실 고객의 입장에서 보면 그 원인이 회사의 사전 준비 부실로 야기되었든, 천재지변과 같은 불가항력적인 사태로 비롯되었든, 그 피해자는 당사자이기 때문에 고객들이 억울하게 생각하며 흥분하는 게 당연하다. 그 피해 사실을 접수하거나 대책을 강구할 수 있는 유일한 창구가 바로 눈앞에 보이는 현장 담당자들이다. 따라서 피해자들은 그대에게 몰려들어 항의할 수밖에 없을 것이다.

●● 위기 극복은 이렇게 하라

고객들도 나름대로 돌발 상황의 피해자이고 최악의 사태를 몸으로 막아야 하는 서비스 담당자들도 피해자다. 하지만 이 같은 상황을 정상적으로 복구해야 하는 쪽은 고객이 아니라 담당자들이다. 따라서 정상적인 업무 처리 능력의 몇 갑절에 해당하는 능력을 발휘하여 신속하게 업무를 처리해야 한다. 능동적인 해결을 목표로 업무에 임해야 한다. 그 다음엔 스스로 마음을 조절하라.

'하필이면 나한테 이런 일이 벌어질 게 뭐야' 하는 식의 태도는 부정적인 연쇄 반응을 일으킨다.

"상황이 이런데 제가 어떻게 하겠습니까?"

"우리도 최선을 다하고 있으니 좀 가만히 계세요."

"저 때문에 그런 것이 아니잖아요?"

그와 같은 고객 응대를 초래할 수 있으므로 사전에 차단해야 한다. 상황이 여의치 않으면 잠시라도 그 자리를 동료에게 맡기고 마음을 가다듬어라. 그대나 회사의 과실이 전혀 없더라도 고객이 이해하여 주기를 바라지 마라. 고객은 상황의 원인을 알려고 하지 않을 뿐만 아니라 그대가 처한 입장을 알아야 할 이유도 없다. 단지 그들은 그 상황의 피해자이고 그 문제를 해결하여 정상적으로 복구되기를 바랄 뿐이다.

그대는 그들의 문제를 해결해 주어야 하고 보상해 주어야 할 당사자다. 따라서 그 원인이 무엇이든 그 최대의 피해자는 고객이라는 사실을 기본적으로 인식하라. 어떤 방법으로든 고객의 불편을 최소화시키려는 마음가짐으로 업무에 접근해야 한다. 평소보다 더 밝은 표정으로 더 아름다운 미소를 지으며 고객을 상대하라.

● **하나, 위기의 원인은 대부분 그대 내부에 있다**

위기는 언제나 찾아올 수 있다. 문제는 그 위기를 대처하는 그대가 오히려 위기에 휘둘려 헤어나지 못할 때 상황은 더욱 심각해진다. 위기가 닥칠 때마다 먼저 철저한 자기 점검이 필요하다. 그대를 뒤돌아보고 잘못된 행동은 없었는지, 실수는 없었는지, 파악하여 신속히 개선해야 한다.

● **둘, 위기 상황의 본질을 정확히 파악하라**

166

왜 이런 상황이 초래되었는지 그 원인을 정확히 알아야 해결책도 나온다. 그 본질에 따라 해법은 달라지게 마련이다. 본질을 모르고 외형적으로만 해결할 경우 언젠가 그로 인해 또 다른 위기 상황을 초래할 수 있다. 위기 상황의 시작과 진행 과정을 조심스레 되짚어 보면 답은 반드시 그 안에 있다.

● 셋, 위기 극복은 그대의 마음에 달려 있다

돌발 상황이 발생하면 남의 탓으로 돌리거나 핑계로 일관하지 마라. 즉각 그대 자신의 일로 받아들이고 빨리 해결해야겠다는 마음가짐으로 접근하라. 위기를 극복하면 그대에게 커다란 교훈이 된다. 부정적이기보다는 긍정적인 면을 우선하는 마음으로 접근하라. 상황을 인정하고 해결 방법을 먼저 강구하는 것이 최선의 길이다

● 넷, 해결할 수 있다는 자신감을 가져라

모든 위기 상황을 대처해 나가려면 자신감이 중요하다. 상황의 본질을 파악하고 그대의 마음을 다스릴 수 있다면 위기는 이미 극복된 것이나 마찬가지다.

● 다섯, 감정적으로 대처하는 것은 금물이다

위기 상황이 닥쳤을 때 마음을 다스리지 못하면 해결이 점점 더 어려워진다. 상황을 객관적으로 냉철하게 바라보고 침착하게 대응하라. 고객과 함께 흥분하거나 열을 받으면 문제 해결에 전혀 도움이 되지 않는다. 이성적으로 분석하고 상황을 긍정적으로 진전시켜라. 그럴수록 자기 절제가 필요하다.

이러한 위기의 순간이 바로 현장 서비스 담당자들에게 진정한 고객 사랑의 서비스를 펼칠 수 있는 기회라고 생각하라. 이런 기회에 진실한 고객 사랑의 마음을 전달하라. 어려운 상황일수록 고객에 대한 진솔한 마음과 애정이 더욱 빛을 발할 것이다. 그래야 비로소 고객은 자신들이 대우받고 있다고 생각한다. 그대의 진실한 배려를 몸으로 직접 느끼는 것이다. 위기를 극복하면 그만큼 더 성숙한다.

현장은 냉정하다. 고객의 실망은 즉시 다른 선택으로 이어진다. 그대만이 그들을 잡아 둘 수 있는 유일한 사람이다. 그대만이 힘들게 쌓아 올린 공든 탑을 견고하게 유지할 수 있다. 고객이 그대의 입장을 이해할 것이라고 기대하지 마라. 그들의 입장에서 생각하며 그들의 상황을 이해하려고 노력하라. 그게 가능할 때 고객은 떠나지 않고 영원히 그대와 함께 머물 것이다.

point

서비스 현장은 위기를 기회로 이용하는 임기응변의 기술이 가장 필요한 곳이다.

19 주인의식을 함양시켜라

회사 직원들이 최초의 시장이다. 그들에게 서비스에 관한 생각을 납득시켜야 한다.

– 칼 알브레이트

경제 상황이 악화되면서 청년 실업이 증가한다. 어느새 30대의 나이부터 명예 퇴직을 심각하게 고려해야 할 정도로 최악의 사태에 직면하고 있다. 취업 경쟁을 뚫고 입사한 신입 사원들에게 회사는 곧 기회의 터전이며 미래에 대한 희망이다.

신입 사원들은 대부분 2주에서 3주 많게는 4주에 이르는 교육의 기회를 갖는다. 회사의 역사와 이념, 비전, 실무 내용 등을 중심으로 교육을 받게 된다. 특히, 주인 의식을 고취하기 위한 내용의 프로그램이 중요하게 취급된다.

'그대들이 회사의 주인이다. 회사의 미래는 그대들의 어깨에 달려 있다.'

새로운 식구들에게 자부심을 불어넣어 주기 위해 기획된 시간이다. 많은 회사들이 빠뜨리지 않고 사원들에게 주인 의식을 고취시키는 시간을 할애하는 이유가 있다. 개개인의 역량보다는 조직의 일원으로서 새롭게 등장한 본인의 위치와 앞으로 수행해야 할 임무에 대한 의미를 일깨워 주고, 가장 먼저 회사와 일에 대하여 애정을 갖고 출발하기를 원하기 때문이다.

●● 나는 누구인가?

주인 의식으로 무장되어 현장에 투입된 신입 사원들은 '내가 회사의 대표다. 내가 하는 행동이 곧 회사의 이미지와 직결된다' 라는 자부심으로 똘똘 뭉쳐 있다. 고객을 직접 응대하는 부서에 소속되었든 간접적으로 고객을 서비스하는 부서에 배치되었든 고객 만족이라는 막중한 임무를 가슴속에 품고 일을 시작한다.

하지만 시간이 흐르면서 업무에 지치고 회사의 부족한 지원에 실망한다. 때때로 고객에 대한 배신감, 상사나 후배에 대한 섭섭함 등이 조금씩 쌓이면서 신입 사원 시절의 부푼 포부가 없어진다. 기대와 너무 다르게 나타나는 현장의 실제 현상들을 직접 체험하면서 회의를 느낀다.

나는 이 조직 내에서 어떤 존재인가? 고객에 대한 나의 행동이 과연 얼마나 회사의 이익에 영향을 끼칠 수 있을까? 그런 의문들이 불현듯 뇌리를 스친다. 입사 초기에 가졌던 '주인 의식'과 요즘 자신의 모습을 대비하며 괴리감을 느끼기 시작한다.

이처럼 거대한 조직 속에서 주인이 아니라 한낮 기계의 부품과 같은 미미한 자신의 존재를 확인하고는 자괴감에 빠져들곤 한다. 이쯤 되면 업무보다는 스스로 조직 내에서의 개인적 정체성을 찾는 데 급급해진다. 회사가 내세우는 고객 만족이나 고객 제일주의 등의 구호도 한쪽 귀로 듣고 한쪽 귀로 흘려 버린다.

일에 대한 자부심이나 책임감이 없어지면 모든 일에 열정이 떨어진다. 그저 타성에 젖어 고객을 맞이하고 건성으로 인사하는 등질 낮은 서비스를 제공하게 된다. 결국 회사와 직원 모두 피해를 보고 상처를 입는다.

Tip

1980년 미국에서 사업을 시작해 약 20년 만에 전 세계의 커피 시장을 석권한 스타 벅스의 하워드 슐츠 회장. 그는 스타 벅스의 성공 원칙을 언급하면서 사업 성공에 직원들이 얼마나 중요한지 역설하고 있다.
"주주나 고객보다 직원의 만족을 우선적으로 생각한다. 우리는 커피를 서빙하는 사업을 하는 것이 아니라 커피를 서빙하는 사람 사업에 종사하고 있다."

그대는 과연 회사를 대표하고 있는가? 고객과의 접점에서 그대가 제공하는 서비스의 질에 따라 고객이 받는 느낌은 여러모로 다양하다. 즐거움과 만족감을 느낄 수 있고 때로는 불쾌감과 짜증을 느낄 수도 있을 것이다. 고객의 감정을 좌우하는 것에는 여러 가지 다양한 요인들이 있지만, 그 중에서 현장 서비스 담당자인 그대의 서비스 수행 능력과 성향은 대단히 중요한 요인이 된다.

그렇다고 해서 고객들이 주변 요인들을 완전히 배제하고 그대의 행위에만 국한되어 서비스를 평가하는 것은 아니다. 고객들은 그대와 회사를 분리하여 별개로 생각하지는 않는다. 그대가 제공하는 서비스는 곧 그대의 회사가 고객에게 제공하는 것으로 받아들인다.

그대가 회사에 소속되어 있고 그 회사의 유니폼을 입었거나 그 회사를 상징하는 구역 안에서 근무한다면, 그대가 하는 모든 일은 그대가 속해 있는 회사의 행위로 평가된다. 고객은 그대가 수행하

또 하나 ~!

누군가의 지시에 의해서 또는
눈치에 의해서 일을 한다면,
그 많은 스트레스로
얼마나 힘들까요...?
가뜩이나 쉬운 일도 아닌데...
내 일이고, 내 식당이고...
물 한잔도 수동적으로 손님이
달라고 하니까 준다 생각하지 말고,
능동적으로, 공격적으로 한번 권해 보세요...
그게 바로 '주인의식' 입니다!

이 멋진말을
얼마를
받으꼬냐?

고 있는 서비스나 이미지를 통해 그대 회사를 경험한다. 고객에게 그대는 회사를 표현하는 대리인이다. 길거리에서 만나는 회사의 광고판이 오랫동안 관리되지 않은 상태로 더럽고 너덜너덜해져 있다면, 고객은 결코 그 회사에 대하여 긍정적인 이미지를 갖지는 못할 것이다.

그렇듯이 고객이 만나고 경험하는 하나 하나의 조각들이 회사와 관련된 것이라면, 고객은 이 모든 것을 통해 부정적이든 긍정적이든 그 회사에 대한 이미지를 형성한다. 고객의 눈에 비친 그대는 곧 회사의 분신이다. 그렇다면 먼저 그대는 고객의 눈이 아닌 본인 스스로도 자신을 과연 회사를 대표하는 모습이라고 자신할 수 있는가?

●● 그대가 직접 리드해 나가라

Tip

마지막 손님.

–다께모도 고노스께

게이코는 교토 근처 시골 마을의 작은 과자점 '준추암'에서 일하는 19세의 소녀 점원이다. 언제나 밝고 따뜻한 마음씨로 손님을 대접하기 때문에 동료들이나 손님들의 칭찬이 자자하다.

그 날도 동료들이 모두 퇴근한 뒤 혼자서 마지막 정리를 하고 가게문을 막 닫으려 할 때였다.

한 중년의 남자가 가게로 다가와서 몹시 미안한 표정으로 말을 건넸다.

"오랫동안 암으로 고생하시던 어머니께서 돌아가시기 전에 이 과자점의 과자를 먹고 싶다고 말씀하셨어요. 저 멀리 나고야에서 눈길을 헤치고 과자를 사기 위해 왔습니다. 길이 너무 막혀 이렇게 늦게 도착했답니다. 과자를 사서 돌아갈 때까지 어머니가 살아 계실지 불안합니다."

게이코는 그 말을 듣고 너무 고마워 직접 과자를 골랐다. 혹시나 할머니가 좋아하는 과자가 아닐지도 모른다는 염려가 고개를 들었기 때문에 전화번호와 주소를 적어 두었다.

다음날 아침 게이코는 슬픈 소식을 전해 들었다. 지난밤 그 할머니가 과자가 도착하기 직전에 돌아가셨다는 슬픈 내용의 전화를 받았다. 게이코는 겨울코트를 사려고 모아 둔 돈으로 과자를 사서 할머니의 장례식에 참석했다.

마지막 순간에 자신이 일하던 가게의 과자를 찾으신 할머니에 대하여 진심 어린 감사의 마음을 전달하고 싶었던 것이다.

고객에게 서비스를 제공할 때 그대가 회사의 주인이라는 생각으로 일을 하는 것과 단순히 시키니까 한다는 식으로 일하는 것에는 엄청난 차이가 있다. 주인 의식은 모든 일에 자발적으로 나서

게 만들어 준다. 주인 의식은 사소한 것에까지 주의를 기울이게 한다. 주인 의식은 고객이 진정 고마운 감정을 지니도록 해 준다.

반면에 주인 의식의 결여는 모든 일에 어쩔 수 없이 끌려 다니게 만든다. 하지만 주인 의식은 강제로 주입시킨다고 해서 함양되는 성격이 아니다. 그대 스스로 주인임을 자각하는 의식 활동을 끊임없이 진행시켜 나가야 한다.

근본적으로 자신이 마치 회사의 주인인 듯한 착각을 일으킬 정도의 직접적인 경험을 많이 해야 한다. 그대가 직접 회사의 주인이라는 생각으로 모든 일에 접근할 때 그러한 기회는 더욱 많이 주어질 것이다. 적극적으로 고개 만족 캠페인에 참여하고, 직접 구호를 만들고, 고객 만족 이벤트를 리드해 나갈 때 더 쉽게 다가온다.

주인 의식의 근간은 회사에 대한 애착과 사명감이다. 주인 의식은 일에 대한 자긍심이다. 일단 일을 사랑하라. 그리고 회사의 일에 대하여 적극적인 애착을 가져라. 그 다음, 회사의 시스템과 관리자의 지원을 받아라. 사람을 중시하고 직원에 대한 애정이 가득한 조직 문화를 바탕으로 운용되는 효과적인 업무 시스템의 지원을 받아야 한다.

단순한 직원 통제로 생산성을 높이는 데만 관심을 집중하는 관리자가 아니라, 부하 직원에게 과감하게 권한을 이양하고 업무 지원을 아끼지 않는 관리자들이 주인 의식을 굳건히 심어 주는 밑거름이다.

미국의 저명한 경영 컨설턴트 칼 알브레이트는 그의 저서 '역 피라미드'에서 다음과 같이 역설한다.

"바람직한 서비스의 조직 구조를 구축하려면 최고 상층부에 경영자, 그 밑에 관리자, 가장 하단에 고객을 상대하는 현장 직원의 형태로 이루어지는 기존의 피라미드 형 조직 구조를 뒤집어야 한다. 최고 상층부에 고객과 직접 생활하고 응대하는 현장 직원을 배치하고, 그 밑에 관리자와 경영자가 차례로 위치하여 현장 직원을 지원하는 형태로 바꾸어야 한다."

그는 '역 피라미드' 서비스 조직 구조 이론을 주장하면서 현장 직원들의 중요성과 기타 조직 군에서의 현장 지원을 특별히 강조했다. 관리자들의 충분한 지원을 받아 시스템이 효율적으로 운영되면서 스스로 대우받고 있다는 인식을 직원들이 갖도록 만들어야 주인 의식을 함양할 수 있다는 것이다.

조직으로부터 충분한 지원을 받는다면 그대는 더 이상 미룰 것이 없다. 현장으로 달려가라. 그대가 주인이다. 그대의 노력에 따라 성장 가능성이 무한한 현장이다. 현장은 의욕에 넘쳐나고 열기에 가득 찰 것이다. 고객들은 현장의 열기를 느끼고 함께 뜨거워질 것이다.

point

그대의 주인 의식이 고객의 마음속에 그대에 대한 최고의 이미지가
뿌리내리도록 도와 줄 것이다.

20 프로답게 움직여라!

고객의 신뢰를 굳게 다지는 비법은 약속을 하는 것이 아니라 약속을 이행하는 것이다.

– 레오나드 L, 베리

오늘날 많은 서비스 업체들은 직원들이 프로처럼 행동하기를 희망한다. 고객 서비스에 대하여는 누구도 따를 수 없는 전문가이기를 원한다. 고객을 접대할 때는 프로처럼 활약하기를 기대한다.

사회가 발전할수록 모든 분야에서 다양한 형태의 분업이 이루어진다. 그 분업은 이루 말할 수 없이 많은 세분화 과정을 거치면서 우리 사회를 더욱 독특하게 변화시킨다.

스포츠, 연극, 영화, 소설, 건설, 도자기, 미용, 요리, 교육, 서비스 등 수많은 분야가 존재하고 그 분야는 직업적으로 다시 세분화 과정을 거친다.

연극을 예로 들어보자. 희곡을 비롯해 무대 장치, 무대 미술, 의상, 음향, 배우, 조명, 티켓, 연출, 마케팅 등 다 열거할 수 없을 정도로 다양한 부문으로 쪼개진다. 그리고 그 세분화된 부문마다 전문가인 프로가 존재하게 마련이다.

●● 프로는 전문가이다

베컴이나 지단이 참가하는 축구 경기를 보고 있으면 '아, 프로는 저런 것이구나!' 하고 감탄하게 된다. 그들의 몸놀림은 한 마디로 환상적이다. 그들은 팀을 위기에서 구해 내고 승리로 이끄는 데 남다른 능력을 지니고 있다.

어느 분야에서든 탁월하게 활약하는 사람들이 있다. 이름하여 전문가요 프로들이다. 특정 분야에서 경험과 재능을 겸비하고 다른 사람들보다 뛰어난 능력을 보여 주는 인재들을 일컫는다. 전문가나 프로라는 말은 사실 거의 같은 의미로 사용된다. 굳이 구분하자면 전문가는 학문이나 학술적인 개념이 강하고, 프로는 기술적인 면과 직업적 면이 더 부각된다는 점이다. 하지만 일반적으로 프로나 전문가라는 말을 사용하는 데 특별한 구분은 없어 보인다.

전문가나 프로는 아마추어(일반인)들보다 경험이 풍부하고 특정 분야에 대한 지식과 기술이 뛰어나기 때문에 같은 환경 속에서도 항상 몇 배나 효과적이고 효율적인 성과를 올린다. 현대는 능력에 따라 그 가치를 인정받는 시대다. 뛰어난 능력의 소유자는 그 가치를 인정받을 만한 자격이 있다. 프로는 그 가치를 인정받아야 한다.

●● 고객 서비스 전문가는 자기 계발의 산물이다

프로 서비스맨은 어떤 의미일까? 고객을 응대하는 몇 가지 기술을 익히고 현장에서 잠시 동안 고객을 즐겁게 만든다고 해서 가능한 것은 아니다.

고객 응대 기술 이외에 고객의 심리, 고객의 기대, 고객의 서비스 평가 기준, 고객의 관점, 고객의 욕구 등을 구체적으로 파악해야 한다. 고객에 대한 모든 것을 분석하여 근본적인 고객의 욕구를 충족시켜야 한다. 단지 현장에서 일시적인 흡족함을 선사하는 게 아니라 장기적으로 고객 만족을 실현해야 한다. 아무에게나 함부로 프로라고 말하지 않는다.

프로가 되기 위해서는 부단한 자기 계발과 맡겨진 일에 대한 뜨거운 열정이 있어야 한다. 계속되는 경험을 축적하고 분석하여 다시 적용하는 열의를 갖추고 있어야 한다. 업무와 관련된 다양한 분야에 대하여 지식을 습득하고 그대의 일에 접목시키는 노력이 필요하다.

현대 사회는 경쟁의 시대다. 그대 주변의 수많은 사람들이 꾸준히 자기 계발을 하면서 일과 관련된 다양한 분야에 대한 정보를

쌓아 지식을 넓혀 가고 있다. 개인의 가치를 올리기 위해 끊임없이 노력하고 있다. 때문에 그들보다 몇 배의 노력, 가일층 뜨거운 열의, 독특하고 창의적인 사고 등이 없으면 그대가 일하고 있는 분야에서 전문가가 되기 어렵다.

고객 서비스 전문가나 프로는 단순히 경험으로만 이루어지는 게 아니다. 남들보다 조금 많은 지식을 갖추었다고 이루어지는 것도 아니다. 서비스 분야에서 오랫동안 일해 온 현장 경험과 끊임없는 자기 계발을 통한 해박한 지식들이 축적되어야 한다. 일에 대한 뜨거운 열정이 뒷받침되어 부단한 노력과 오랜 경험과 해박한 지식이 어우러질 때 비로소 가능해진다.

●● 전략적인 고객 서비스 방향을 잡아라

프로 서비스맨으로 활동하려면 고객이 무엇을 원하는지, 정확하게 알아야 한다. 고객 만족은 프로의 기본 목표이다.

고객의 욕구를 빈틈없이 파악하는 일이 고객 서비스 전문가의 첫 걸음이다. 고객 서비스 전문가는 단순히 고객이 기대하고 원하는 바를 충족시켰다고 해서 고객이 만족했다고 생각하지 않는다.

고객이 원하는 바를 파악했으면 왜 그것을 기대하는지, 왜 그것을 원하게 되었는지 동시에 파악하여 근본적인 욕구를 해소해야 한다. 그리고 고객이 그대의 서비스에서 무엇을 느끼는지, 어떻게 느끼고 있는지 파악하여 서비스의 방향을 정해야 한다. 고객이 어떤 측면에서 어떤 기준으로 그대의 서비스를 평가하는지 알아야 한다.

프로 서비스맨은 고객의 심리를 정확히 파악하여 고객의 기대와 욕구를 근본적으로 해소해야 한다. 고객이 서비스를 어떻게 느끼는지 파악하고 평가 기준을 설정하여 분석한 뒤 전략적으로 서비스 방향을 잡아 궁극적인 고객 만족을 얻어야 한다.

●● 고객의 서비스 성적표

텍사스 A&M 대학의 레오나드 베리 박사. 그는 고객 서비스에 관한 연구를 통해 고객들은 확실성, 민첩성, 신뢰성, 이해성, 실체성 등 다섯 가지의 요인에 근거하여 서비스를 평가한다는 사실을 규명했다.

1) 확실성

업무 능력, 지식, 오랜 경험에서 얻은 노련함 등을 통해 고객에게 줄 수 있는 안도감과 자신감을 말한다.

집으로 방문한 인터넷 통신 회사 고장 처리반원의 해결 능력, 은행 카운터에서 마주친 직원의 이자 계산 능력 등이 우리에게 주는 느낌, 그것이 바로 확실성이다. 고장 수리 담당자가 컴퓨터를 앞에 놓고 매뉴얼 책자를 뒤적이거나, 은행 출납원이 이자 계산을 제대로 하지 못해 몇 번을 다시 계산하면서 옆 사람에게 물어보는 모습은 고객에게 확실성을 주지 못한다.

2) 신뢰성

고객에게 약속한 것을 정확하게 이행하거나 고객이 기대한 바를 충분히 충족시킬 수 있는 능력을 말한다.

가전 제품 고장 수리 접수처 직원에게 고장 접수를 하거나 홈쇼핑으로 물건을 구입했을 때, 약속 시간을 정확히 지키면 고객들은 신뢰감을 느낀다.

3) 실체성

외견상으로 나타나는 시설이나 모양 등의 물리적인 측면이 고객에게 미치는 영향을 말한다.

서비스 업체를 방문했을 때 서비스요원들의 외모, 유니폼, 실내의 인테리어, 음악, 화장실의 청결함, 서비스 요원들의 태도 등이 그 업체의 서비스 수준을 평가하는 데 일조를 한다.

4) 민첩성

고객의 요구와 문제점을 빠르게 해결할 수 있는 능력이다.

무조건 신속하게 처리한다고 모두 좋은 서비스는 아니다. 맥도널드와 같은 패스트푸드점에서 기다리는 시간과 고급 레스토랑에서 한가한 주말 오후에 음식이 나오기를 기다리는 시간…. 단지 물리적인 시간의 개념으로만 판단할 수는 없다. 하지만 보편적으로 고객은 기다리는 걸 싫어한다. 그 지루함을 해소시킬 어떠한 도구도 없거나 얼마를 기다려야 하는지 모를 때는 더욱 짜증이 난다.

5) 이해성

고객의 관점이나 시각으로 고객과 같이 호흡할 수 있는 자세다.

고객을 불특정 다수의 대중으로 인식하지 않고 특별한 개성과 특수한 상황에 직면한 개인으로 생각한다. 처한 상황이나 요구를 객관적으로 처리하기보다는 특정 고객의 관점에서 주관적으로 접근하는 마음이다.

●● 그대만의 고객 응대 프로그램을 준비하라

고객은 나름대로의 기준으로 서비스를 평가하고 만족의 정도를 가늠한다. 과연 얼마나 약속을 잘 이행하는지, 고객을 배려하는 마음에 진정함이 깃들어 있는지, 문제가 발생할 때 신속히 처리하는지, 오랜 경험을 바탕으로 적절한 문제 해결 능력을 소유하고 있는지, 직원들의 미소와 친절은 진심에서 우러나온 것인지…. 한 가지도 놓치지 않고 꼼꼼히 기억했다가 평가를 내린다.

따라서 고객 만족 요인을 합리적으로 파악하여 효율적인 서비스를 위한 목표와 방향을 설정하고 실천해야 한다. 무조건 친절하고 무조건 열심히 노력한다고 프로가 되는 게 아니다. 프로 서비스맨이라면 자기만의 전략적인 고객 응대 프로그램을 갖추고 있어야 한다.

그대의 성격, 지위, 기능에 맞게 평소 충분히 연마하여 시의 적절하게 구사할 수 있어야 한다. 고객을 어떻게 유치하고 관리할 것이며 장기적으로 고객과의 관계를 어떻게 유지할 것인가에 대해 그대만의 독특한 프로그램을 준비하라. 그대가 진정 프로가 되고 싶다면 이성적이고 지혜로워야 한다.

21 그대의 동료에게 서비스 하라

고객 만족 경영이란 조직의 이념, 시스템, 구성원의 사기 등과 같이 조직을 유지하는 데 필요한 모든 요소들을 고객 만족이라는 궁극적인 목표에 맞추어 경영해 나가는 것이다. 상업적 측면에서 파악할 때, 제품을 판매하여 수익을 올리기 위한 전략적 경영 목표에서 비롯된 개념이었다. 하지만 이제는 금융, 의료, 교육, 교통, 공공기관 등 모든 분야의 새로운 조직 운영 이념으로 자리 매김하고 있다.

고객 만족 경영은 이미 거역할 수 없는 시대의 조류다. 과거 고객이란 단어를 입에 올리기조차 망설이던 관공서와 경찰서에서도 앞다투어 직원들에게 친절 교육을 시킨다. 기업들은 '고객 감동'

과 '고객 행복'을 들먹이면서 한술 더 떠 고객의 가치를 부풀린
다. 바야흐로 고객 지상주의 시대가 도래한 것이며, 그 저변에는
고객 만족이 자리를 잡고 있다.

●● 내부 고객과 외부 고객

고객 만족이란 단순히 친절하고 미소짓고 인사를 잘한다고
가능한 게 아니다. 구호를 외치고 떠든다고 쉽게 이루어지는 것도
아니다. 많은 요인들이 복합적으로 작용하여 고객의 마음에 어필
했을 때 고객 만족이 가능하다.

일반적으로 고객 만족과 고객 감동은 외부의 고객에 대한 것으
로만 인식하는 경향이 없지 않다. 하지만 실질적으로 외부 고객의
만족은 조직 내부 구성원의 만족에서부터 출발한다. 따라서 조직
내부 구성원의 만족이 우선되어야 비로소 외부 고객의 만족이 가
능해진다. 스스로 만족하지 못한 직원이 어떻게 고객 만족 서비스
를 제공할 수 있겠는가? 조직 내부 구성원이 만족해야 외부 고객
에게 만족한 서비스를 제공할 수 있다는 사실은 너무나 당연한 진
리다.

외부 고객이란 그대가 손님이라고 부르는 대상이다. 직접 제품
과 서비스를 구매하여 조직의 수익에 영향을 미치거나 조직의 존
재 이유를 제공하는 대상이다. 상대적으로 내부 고객은 기업과 조

직의 활동을 위해 조직 내부에서 서로 간의 업무 교환이 이루어지는 모든 대상을 말한다.

한 마디로 말해, 내부 고객은 그대의 동료들이다. 굳이 그대의 동료들을 내부 고객이라고 부르는 이유는 무엇인가? 조직 구성원들 사이의 관계, 즉 동료들 사이의 관계가 직원과 고객 사이의 관계만큼이나 소중하다고 보기 때문이다. 최종적으로는 동료들 간의 협조 체제와 상호 신뢰도가 직원 만족에 막대한 영향을 끼쳐 고객 만족으로 귀결되기 때문이다.

●● 직원의 만족은 고객 만족의 시발점이다

직원들 사이에 신뢰도가 높고 협조적이어야 회사 내부의 분위기가 밝아져서 직원들이 즐겁게 일할 수 있다. 밝고 즐거운 직장 분위기는 직원들의 만족도를 높이고 이는 바로 외부 고객의 만족으로 이어진다. 많은 조사 결과에 따르면 직원 만족도가 높은 조직은 조직 구성원들의 이직률이 낮을 뿐 아니라 업무에 대한 열의 또한 대단히 높은 것으로 나타난다.

내부 직원들의 고용 불안이 줄어들고 업무에 열의가 뜨거워지면 사기가 높아지고 직장에 대한 자부심과 긍지를 갖게 된다. 직업에 대한 자부심과 긍지는 다시 업무에 대한 열정과 창의적인 사고를 뒷받침한다. 결과적으로는 고객에게 좋은 서비스를 제공하려는 마음이 우러나오게 된다. 내부 고객의 만족은 궁극적으로 조직 구성원의 만족을 통해 외부 고객의 만족으로 이어지는 시발점이다.

●● 그대의 동료를 만족시켜라

그대의 동료들을 만족시키는 일은 즐겁고 재미있는 직장을 만드는 데서 시작해야 한다. 일하고 싶은 직장은 조직 구성원들이 서로 아끼고 존중하는 분위기가 조성되어야 가능하다.

조직 구성원들끼리 서로 고객을 대하듯이 존중하고 배려하는 마음을 가지면, 그것이 바로 직원 사이의 신뢰를 다져 가며 협조적인 조직 문화를 만들어 가는 지름길이 된다. 예컨대 먼저 인사

하기, 조그만 일에도 감사하기, 상호 존칭어 사용하기, 칭찬하기, 미소짓기 등과 같은 직장 예절을 준수하려는 노력도 바람직한 방법이다.

●● 사우스 웨스트사의 사례

Tip

지난 2000년 발생한 9·11 테러로 미국 항공 업계는 역사상 최대의 위기를 맞았다. 거의 모든 항공사가 도산의 위기에 빠졌고 정부에 보조금을 신청하고 직원들을 감원하는 등 어려운 상황에 직면했다. 하지만 최악의 상황 속에서 단 한 명의 직원도 감원하지 않고 오히려 흑자를 낸 항공사가 바로 사우스 웨스트 항공사였다.

사우스 웨스트는 1971년 단 3대의 비행기로 창업하여 32년 동안 연속 흑자 행진을 계속했고, 현재는 미국을 대표하는 거대 항공사로 성장했다. 사우스 웨스트가 명실공히 미국의 대표적 항공사로 성장하게 된 배경에는 여러 이유가 있겠지만, 그 중에서도 특히 직원들의 주인 의식과 상호 간의 두터운 신뢰가 눈에 띄는 발전 동기였다.

사우스 웨스트 안에는 내부 구성원들을 중시하는 기업 문화가 자리잡고 있다. 직원들은 주인 의식이 남다르고 서로 간의 협조와 신뢰가 어느 조직보다 뛰어나다. 어느 특정 부서가 일손이 부족하면 직종과 부서에 관계없이 서로 적극 지원하며 일을 처리한다.

항공기 도착 후 수화물 처리가 지연되면 파일럿이 도와 주고, 기내식 운반과 청소를 카운터 직원이 함께 하고, 일이 지연되면 기내 승무원이 직접 체크인을 하는 등 감히 다른 항공사에선 엄두도 내기 어려운 일들을 서로 지원하는 것이다.

이처럼 직원들 상호 간의 두터운 신뢰와 원활한 협조 체제를 유지하기 때문에, 직원들의 유대가 한층 강화되고 이해의 폭을 확대시킬 수 있다. 휴일에도 자발적으로 회사에 나오는 직장 분위기를 만들었으니 9·11테러라는 최악의 위기 속에서도 흔들리지 않는 기업이 될 수 있었던 것이다.

내부 구성원 각자가 어려운 일은 내가 먼저 한다는 마음으로 항상 한 발 양보하는 자세를 보인다. 조직의 유대 관계와 팀웍을 위해 각자 최선을 다하는 조직 문화가 형성된다. 이쯤 되면 일하고 싶은 직장, 밝고 활기찬 일터가 되는 것은 너무도 당연하다. 그 다음, 조직의 시스템을 정비하는 일이다. 조직 내부의 공정한 인사 시스템, 직원들을 위한 실질적인 복지 체계, 다양한 보상 제도 등이 그것이다. 만약 학연과 시언으로 인한 불공평 인사가 만연하거나 직원들을 위한 편의 시설이 전무하고 우수한 직원들을 위한 인센티브가 부여되지 않는 시스템이라면 직원의 만족도는 급격히 떨어진다. 이러한 시스템 속에서는 어느 누구도 의욕적으로 업무에 매달리지 않으며 자발적으로 고객에게 좋은 서비스를 제공하려는 직원도 없을 것이다.

경영자가 직원을 인식하는 마인드 또한 내부 고객 만족에 큰 비중을 차지하는 요인이다. 최고 경영자가 내부 직원을 최고의 고객으로 생각하고 최대의 지원과 서비스를 제공하거나 직원에게 투자를 아끼지 않는다. 자연히 직원들은 일할 맛 나는 직장, 대우받는 직장으로 인식한다. 조직에 대한 소속감과 주인 의식이 자발적으로 형성되는 것이다. 주인 의식은 강제로 생겨나는 게 아니다. 조직으로부터 주인 대우를 받았을 때 절로 생겨난다.

밝고 활기찬 직장 분위기는 합리적인 조직 시스템, 직원 상호의 신뢰, 부서 상호간의 원활한 협조 체계, 경영자의 직원 존중 마인드 등이 뒷받침되어 만들어진다.

●● 최소한의 투자로 최대의 효과를

자기 계발을 위해 노력하는 직원에게 질시와 시기를 보내고 왕따를 시키는 조직, 학연과 인맥을 동원한 불평등 인사가 판을 치는 조직, 직원들에게 자기 계발하라고 수도 없이 지시하면서 실질적으로 아무런 지원도 없이 개인적으로 시간과 비용을 들이게 만드는 조직, 경영자가 직원들을 철저히 무시하는 조직 속에서 내부 고객 만족은 절대 불가능하다.

불만족한 내부 고객들이 외부 고객을 만족시킬 수는 없다. 고객 만족 경영은 먼 나라 이야기가 아니다, 고객 만족 경영은 목소리를 높인다고 이루어지는 성격도 아니다. 조직의 문화, 직원들의 열의, 조직의 시스템 등이 골고루 제 역할을 해야 고객 만족 경영이 가능하다.

내부 고객 만족에 투자하라. 외부 고객을 만족시키기 위해 투자하는 노력과 시간의 1/10만 내부 고객에게 투자하라. 그래야 내부 고객이 그 열 배의 외부 고객을 데려다 줄 것이다. 최소한의 투자로 최대의 효과를 얻는 길은 결코 멀리 있지 않다.

● 잘못된 서비스 기업 VS 우수한 서비스 기업

● 잘못된 서비스 기업의 일반적인 관리 형태

❶ 고객 만족을 위해 노력하고 고객에게 좋은 서비스를 제공하는 직원보다, 기업 내부의 기능적인 업무에 더 치중하고 능력을 발휘하는 직원을 승진시킨다.

❷ 직원이 고객보다 내부 상사의 기분을 맞추는 데 더 많은 노력과 시간을 소비한다.

❸ 직접 고객을 대하지 않는 부서의 관리자들은 직원들이 고객 만족에 전혀 간여하지 않는다고 생각하는 분위기를 은연중에 조성한다.

❹ 고객에 영향을 미치는 결정을 현장과 협의 없이 일방적으로 지시하고, 실시하기 전에 현장 직원을 납득시키고 이해시키려는 시도

를 전혀 하지 않는다.

❺ 문제가 발생하면 그 원인을 파악하여 근본을 고치려는 대신, 임기 응변의 대응을 일삼는다.

❻ 장기적인 안목으로 고객 서비스를 바라보지 않고 일시적인 성과 에 더 연연한다.

● 우수한 서비스 기업이 추구하는 기업 문화

❶ '질 좋은 상품을 싸게 판다'라는 기본 원리를 숙지하고 그것에 충 실한다.

❷ '비용이 아니라 서비스의 질이 이익을 낳는다. 즉 서비스의 품질 이 이익을 창출한다'라는 의식이 충만해 있다. 경영층에서부터 일 선 직원들까지 그런 공감대를 형성하고 있다는 분위기가 느껴진 다.

❸ 고객을 숙지한다. 고객과의 장기적인 관계를 유지 발전시킨다.

❹ 결정적 순간을 철저히 관리한다.

❺ '서비스는 조직 내부 직원들 상호 간에서도 중요하다'라는 조직 문화가 형성되어 있다.

❻ 고객과 접하는 일선 직원의 중요성을 인식하고 모든 지원을 아끼 지 않는다. '경영진은 최대의 현장 지원자'라는 인식이 배어 있다.

최상의 컨디션을 유지하라

> 지혜를 짜내려고 애쓰기보다는 먼저 성실하게 일하라. 사람의 지혜
> 가 부족하다는 이유로 일에 실패하는 사례는 많지 않다. 사람에게
> 늘 부족한 것은 성실이다. 성실하면 지혜도 생기지만 성실하지 못
> 하면 있는 지혜도 흐려지는 법이다.
>
> −디즈레일리

그 날의 몸 상태가 그 날의 업무 성과를 판가름한다고 해도
과언이 아니다. 어느 직장 어느 직종에 근무하든 건강한 몸 상태
로 일을 해야 정상적인 업무 효과를 기대할 수 있다. 특히 서비스
업무에서는 더더욱 그렇다. 업무 특성상 노동집약적인 요소와 감
성적인 요소가 강하게 작용하기 때문에, 서비스를 직접 수행하는
서비스맨들의 몸과 마음 상태는 서비스의 질에 바로 직결된다.

홀륭한 서비스를 생산하기 위해서는 근무 여선이나 주변 환경
도 중요하지만, 무엇보다 서비스 담당자들의 역할이 절대적이다.
서비스맨들이 얼마나 부지런히 움직이느냐에 따라 고객의 만족도
가 결정된다.

서비스 담당자가 현장에서 열심히 움직이면 단 한 번이라도 더 많은 고객 접촉 기회를 갖게 된다. 고객과의 접촉 빈도 수가 높아지면 높아질수록 고객에게 베풀 수 있는 봉사의 기회는 늘어나게 마련이다. 하지만 정상적인 몸 상태에서 두세 차례 접촉하던 일임에도 몸 컨디션이 좋지 않아 한 차례밖에 접촉하지 못한다면 그만큼의 고객 만족도는 떨어진다. 서비스 현장 요원들의 좋지 않은 몸 상태는 곧장 질 낮은 서비스로 연결된다.

●● 뜨거운 커피를 고객에게 쏟는다

전날의 과음, 무리한 운동, 감기, 수면 부족 등으로 몸 상태가 정상이 아니면 그 날일을 제대로 할 수가 없다.

심신이 피로한 상태에서 업무를 시작하면 시간이 갈수록 그 피로도가 높아진다. 발걸음은 점점 내딛기 힘들어지고 몸은 물먹은 솜처럼 천근 만근 무거워진다. 이런 상태에서의 신속한 고객 서비스란 불가능하다.

항상 고객의 시야에서 벗어날 수 없는 위치에 있기 때문에 잠시도 긴장을 풀 수가 없다. 고객 앞에서 몸가짐을 바로 유지해야 한다는 압박감이 몸을 더욱 경직되게 만든다. 이 정도에 이르면 그대가 아무리 서비스 정신이 투철하다 해도 정상적인 서비스를 수행하기 힘들어진다. 컵을 깨뜨리거나 뜨거운 커피를 고객에게 쏟

기도 하고 때로는 주문한 음식을 엉뚱한 고객에게 갖다 주는 실수를 벌이기도 한다.

　몸이 힘들면 자기가 추구하는 수준의 서비스를 수행하기가 힘들 뿐만 아니라 일반적인 수준에도 못 미치는 불량 서비스를 생산할 가능성이 높아진다.

●● 서비스는 감정 노동이다

서비스가 어려운 이유는 감정 노동이기 때문이다. 감정 노동이란 인간의 오감을 건드려 원하는 결과를 끌어내고 스스로 감정 조절을 통해 다른 사람의 감정을 고양시키는 일이다.

그대의 감정을 규제하면서 고객의 감정을 먼저 생각하고 존중해야 하는 업무가 바로 서비스다. 그대의 감정을 제어하고 절제해야 하는 까닭에 감정적인 스트레스가 많이 쌓이는 일이 서비스다. 스스로 감정을 제어하고 절제해야 하는 일은 수도자의 고행이나 다름없다. 하물며 고객을 위해 그대의 감정을 조절하면서 감정을 통제해야 하는 것은 분명 쉬운 일은 아니다.

서비스를 제대로 수행하는 일은 그처럼 쉽지 않다. 그대가 힘들고 어려운 상황에 처해 있다 하더라도 고객을 먼저 생각해야 하고 고객을 위해 그대의 감정을 억눌러야 하는 정신 노동이 바로 서비스다. 이처럼 정신적인 노동은 기본적으로 정상적인 신체 조건에서만 가능해진다.

●● 고행의 길을 자초하지 마라

서비스란 서비스 요원과 고객이 서로 만족할 만한 교감을 통해 상호 만족을 이루어내는 쌍방향 커뮤니케이

선이다. 상호 간의 감성적 요소가 작용하여 아주 조그만 부분까지 영향을 미치는 섬세한 업무가 바로 서비스다.

그대가 정상적인 컨디션이 아니라면 아무리 감추려고 해도 고객은 민감하게 느낄 수 있다. 따라서 아주 미세한 부분까지 주의를 기울려야 하는 업무인 것이다. 때문에 서비스를 수행하는 그대의 심리 상태는 항상 안정적이고 여유가 있어야 한다.

심리적 안정과 여유를 유지하려면 기본적으로 건강한 신체 컨디션이 요구된다. 몸 상태가 정상적이지 못할 때 정상적인 서비스가 곤란해진다. 육체적으로 어려우면 정신적으로 그 어려움이 배가되어 고행의 길을 자초한다. 점점 더 많은 고객을 응대할수록 그 만큼 마이너스 결과가 나타날 뿐이다.

간밤의 지나친 음주 때문에 시뻘게진 눈, 까칠까칠한 피부, 서서히 올라가는 혈압, 상기된 얼굴로 서비스 현장에 나타난다면 그대도 힘들지만 그런 모습을 지켜보고 있는 고객도 부담스럽다.

고객을 가장 편안하고 만족스럽게 상대해야 하는 서비스 현장에서 이런 경우가 생기다면 그 결과는 치명적이다. 상품을 구매하든 외식을 하든, 고객들은 소비를 통해 그 동안 쌓인 스트레스를 풀면서 정신적 만족을 추구하려고 애쓴다.

기업이나 현장 서비스 담당자들은 이런 고객의 욕구를 충족시켜야만 고객의 재신임을 받을 수가 있다. 고객의 재구매와 재방문은 바로 기업의 이익에 직결되고 직원들의 수입에도 직접적으로 영향을 미친다.

하지만 서비스 담당자의 소홀한 자기 관리 때문에, 방문한 고객을 불쾌하게 만들거나 부담스럽게 한다면 그런 직원은 더 이상 현장에 머물러야 할 이유가 없다.

●● 무대에 오르기 전에 충분히 관리하라

현장 서비스란 고객과 직접 부딪히면서 열심히 현장을 누비는 육체 노동이다. 자신의 감정을 조절하여 고객의 감정을 자극하는 정신 노동이기도 하다. 배우의 몸짓이나 대사 하나에 따라 관객을 웃기고 울리는 연극과 같은 서비스다. 서비스 담당자의 용모, 태도, 몸짓에 따라 기쁨을 선사하기도 하고 분노를 사기도 하는 무대 연극이기도 하다.

배우가 무대에 오르기 위해 최고의 컨디션을 유지하려고 노력하듯이, 현장 서비스 담당자들도 현장이란 무대에 오르기 위해서는 최고의 몸 상태를 유지하도록 관리해야 한다. 육체적으로 온전하지 못한 상태는 심리적인 상태에 영향을 끼치고 심리적으로 안정을 찾지 못하면 제대로 된 서비스를 고객에게 선사할 수 없다.

사람의 감정은 사람의 몸 속에 있다. 몸이 건강해야 건강한 감정을 품을 수 있다. 건강한 몸에서 안정과 여유가 베어 나오는 것이다. 최고의 서비스맨은 어려움을 극복하는 임기응변의 기지와 지혜가 필수적이다. 뿐만 아니라 위기와 어려움을 사전에 예방하는 노력도 필요하다. 철저한 자기 관리와 절제로 최고의 컨디션을 유지하라. 최상의 컨디션은 최상의 서비스를 낳고 최상의 서비스는 최고의 고객을 낳는다

● 최상의 컨디션을 위한 생활 습관

❶ 정상적이고 규칙적인 식사

❷ 충분한 휴식

❸ 건강한 생활 습관

❹ 규칙적이고 적당한 운동

❺ 적절한 취미 생활

❻ 양질의 대인 관계

23 서비스 마인드를 키워라

사람이 사람을 헤아릴 수 있는 것은 눈도 아니고 지성도 아니며 오
직 마음뿐이다.

– 마크 트웨인

서비스 산업이 날로 발전하면서 그 분야에 대한 많은 연
구 개발이 이루어져 왔다. 그 중에서도 특히 서비스 기법이야말로
가히 괄목할 만한 발전을 이룩했다. 인사하는 법, 전화 응대하는
법, 고객을 안내하는 법, 유니폼을 입는 법, 화장하는 법 등과 같
이 외형적으로 표현되는 서비스 테크닉의 모범 답안이 만들어졌
다.

수많은 서비스 회사들은 이 모범 답안으로 서비스 담당자들을
훈련시켜 왔다. 결과적으로 대부분의 서비스 회사들은 거의 비슷
한 수준의 외형적인 서비스를 제공하고 있다. 때문에 고객들은 어
디에 있든 어떠한 서비스 담당자를 만나든 유사한 내용의 서비스

를 경험한다.

●● 중요한 것은 서비스에 대한 마음가짐이다

그대가 고객을 상대하면서 행하는 매너, 말투, 인사, 대화 등과 같은 전반적인 서비스 기술은 현장 투입 전에 소정의 교육과 충분한 연습 과정을 거쳤기 때문에 가능한 것이다.

고객을 응대할 때 취하는 서비스 기술은 고객의 기분을 좌우하는 데 상당히 큰 영향을 끼치기 때문에 숙달 훈련을 거친 뒤 현장에 투입된 것이다. 예전에는 인사만 깍듯이 잘하는 직원과 마주쳐도 참 서비스가 좋다고 느끼곤 했다. 하지만 지금은 상황이 무척 달라졌다. 고객이 기대하는 수준은 그대가 상상하는 것 이상으로 다양하고 고급화되어 있다.

따라서 어디에서나 받을 수 있는 정도의 보편적인 서비스 수준으로는 더 이상 고급화된 고객의 기대를 충족할 수 없다. 무언가 차별화된 독특한 수준의 경쟁 무기가 있어야 한다. 모범 답안에 따라 동일하게 만들어진 서비스로는 다양한 고객들만큼이나 다양한 욕구를 해소하는 데 한계가 있기 때문이다.

이제는 겉으로 보기에만 좋은 서비스를 하기보다는 내적으로 질이 높은 서비스를 펼침으로써, 고객이 가슴으로 느낄 수 있는 서비스를 경험하도록 만들어야 한다. 그대가 고객을 방문하거나 방문한 고객을 맞이할 때, 그대가 하는 모든 행동은 고객으로 하여금 상품이나 브랜드를 어떠한 형태로든 인식하도록 작용한다. 나아가서는 고객의 뇌리 속에 좋은 회사 이미지를 형성하는 데 중요한 요인으로 작용한다.

단정한 용모나 고객 응대 기술은 고객 서비스를 수행하는데 기본적으로 갖추어야 할 소양이다. 이미 오래 전부터 알고 있는 사실이요 상식이다. 이처럼 가시적이고 외형적인 서비스 표현에 앞서 우선되어야 할 점이 있다. 바로 서비스 담당자들이 내면에 품고 있는 서비스에 대한 마음가짐이다.

●● 인간의 마음을 담아라

겉보기에 똑같은 서비스를 수행하고 있어도 그대의 마음속에 고객에 대한 깊은 이해와 애정이 담겨 있느냐의 여부에 따라 서비스의 빛깔은 확연히 다르게 전달된다. 매너리즘에 젖어 겉보기에만 잘 포장된 서비스를 전달하는 차원에서 벗어나야 한다. 새롭고 창의적이며 독특한 서비스를 만들어 간다는 마음으로 서비스를 수행하는 자세가 필요하다.

고객을 응대할 때마다 기계로 찍어낸 듯한 똑같은 모습의 서비스를 할 게 아니라 고객의 방문을 진심으로 환영하고 고마워하라. 고객이 조금이라도 불편한 점을 느끼지 않도록 배려하는 마음을 담고, 그 마음을 전달하고자 하는 자세로 임하라. 저절로 새롭고 독창적인 서비스의 창출이 이루어질 것이다. 당연히 고객의 가슴에 그 무언가 다른 느낌이 전달될 것이다.

테크닉만을 중시하는 기술적인 서비스의 표현은 이제 더 이상 필요 없다. 마음을 담은 서비스, 즉 고객에 대한 진실함과 애정을 바탕으로 자연스럽게 우러나오는 마음의 표현이 절실한 시대가 왔다. 진정한 베풂의 의미를 담은 진솔한 마음의 전달이 이 시대의 이상적인 서비스가 될 것이다. 깍듯한 인사, 밝은 미소, 친절한 태도에도 불구하고 고객들이 왠지 아쉬움을 느끼는 것은 서비스 제공자들의 마음을 느끼지 못하기 때문이다.

나름대로 꿈도 많았는데...
밥이나 나르고 있다니
애고...
불쌍한 내 영혼아~!

절대 스스로의 어리석은 생각에 지배당하는 불쌍한 노예가 되지 마시고, 능동적으로 즐겁게 스스로를 가꾸세요~
인생이 달라집니다!!!

기계가 대량 생산하여 만들어낸 판에 박힌 상품들이 인간적인 매력을 전하지 못하는 것과 비슷한 경우다. 서비스를 경험하면서 사람의 감정을 느낄 수 없다면 로봇을 대하는 것과 무엇이 다르겠는가? 수많은 분야가 기계로 대체되어도 서비스 분야만큼은 인간이 끝까지 고수해야 할 '감정 산업' 이다.

●● 모든 것은 마음에 달려 있다

Tip

신라 시대의 유명한 고승 원효대사가 의상대사와 함께 중국 유학 길을 떠났다. 어느 해안에 이르자 날이 저물었고 소나기가 쏟아지면서 더욱 컴컴해졌다. 어쩔 수 없이 어떤 오두막집으로 들어가 하룻밤을 지내기로 했다.

한밤중에 깨어난 원효대사는 심한 갈증을 느꼈다. 주위를 더듬거려 보니 손끝에 물이 담긴 그릇이 닿았다. 그는 황급히 물을 마시고 깊은 잠에 빠졌다. 날이 밝았을 때 원효대사는 주위를 살펴보고 화들짝 놀랐다. 초막이라 여겼던 곳은 오래된 무덤이었고, 어둠 속에서 마신 냉수는 해골에 고인 썩은 물이었다.

옛날 무덤은 지하실처럼 돌집을 짓고 방을 만들어 관을 넣는 게 관례였다. 생시에 사용하던 물건을 넣어 두었기 때문에 그 무덤을 오두막집이라고 착각했던 것이다.

빗물이 고인 해골을 보니 그 속에는 수많은 벌레들이 우글

거리고 있었다. 원효대사는 심한 구토를 느꼈고 전날 먹은 음식까지 몽땅 토해 버렸다. 하지만 원효대사는 그 고통 끝에 크나큰 진리를 발견하면서 참 깨달음을 얻었다.

'한밤중의 마음과 아침의 마음이 다르지 않을 텐데, 진상을 모를 때는 시원한 느낌뿐이었는데 현실을 확인하고 나서는 기분이 좋지 않다니? 더러움과 깨끗함의 차이는 사물 자체에 있는 게 아니고 마음에 달린 것이 아닌가? 따라서 모든 느낌은 마음이 만드는 것이다. 다시 말해, 모든 것은 내 마음에 달려 있다.' 원효대사 일행은 비로소 진리를 깨닫고 중국으로 가던 길을 멈추고 되돌아왔다.

과연 진정으로 감사하는 마음을 담은 서비스를 고객에게 펼칠 수 있을까? 그 성공 여부는 일차적으로 현장에서 서비스하는 그대가 좌우한다. 서비스를 어떻게 생각하고 고객을 어떠한 존재로 받아들이느냐에 달려 있다. 마음을 담은 서비스를 제공하려면 가장 먼저 고객과 서비스를 바라보는 의식에 변화가 필요하다.

고객이 있으므로 서비스 요원이 존재한다는 현실을 인식하고 고객에 대한 감사의 마음, 애정, 봉사 정신을 정립하는 일이 먼저 이루어져야 한다. 이러한 자세가 바로 서비스 마인드이다.

●● 보람 있었던 서비스 기억을 떠올려라

　고객에 대한 애정, 감사, 봉사의 마음을 유지하는 것이 말처럼 쉬운 일은 아니다. 실제로 서비스를 제공하는 일은 어렵다. 스스로 그대의 감정을 제어해야 할 뿐만 아니라 하루에도 똑같은 일을 수없이 반복해야 하기 때문이다.

　고객은 항상 우호적이지 않기 때문에 그대를 괴롭히는 경우가 자주 발생한다. 하지만 서비스는 늘 어렵고 고객은 늘 까다로운 존재라고 치부할 수도 없다. 그대가 어떻게 마음먹느냐에 따라 많은 차이가 있다.

　그 동안 경험했던 즐겁고 보람된 서비스를 떠올려 보라. 친절하고 고마웠던 고객들을 되새겨 보라. 그 때의 서비스와 고객이 지금과 다를 바 없을 텐데, 그 때는 즐겁고 보람 있었는데 지금 힘든 이유는 무엇일까? 똑같은 서비스이고 똑같은 고객일 따름이다. 다만 그대의 마음이 고마움을 느끼는지, 힘들어하는지에 따라 다르게 느껴질 뿐이다.

　다시 말해, 그대가 마음먹기에 달려 있다. 고객의 존재에 대하여 진정 고마움을 느끼고 고객을 대하면 친절하고 고마운 고객이 된다. 친절하고 고마운 고객에게는 그대의 마음에서 우러나는 즐겁고 보람찬 서비스가 가능해진다.

　고객이 가슴으로 느낄 수 있는 서비스를 제공하고 싶다면 외형적으로 포장된 기술적 서비스에 안주하지 말라. 진정한 감사와 애정의 마음이 담긴 서비스를 전달하고 항상 고객에게 감사하고 고마워하는 마음을 지니도록 하라.

point

그대가 어렵다고 마음먹으면 그 일은 극복하기 힘들어진다. 하지만 그대가 감사하고 고마워 한다면 즐겁고 보람된 일이 될 것이다.

3부

문제해결

문제를 해결하라

고객의 두려움을 해소시켜라

어떤 사람이 그대의 상품을 처음으로 주문한다면 비록 그 주문 자체를 통해서 그가 지금 당장은 어떤 이익을 얻을 수 없는지 몰라도 그는 이제 더 이상 잠재 고객이 아니다. 그는 바로 그대의 고객이 된 것이다.

– GREEN

새로운 물건을 구입하거나 새로운 장소에 처음 방문하려고 할 때, 어떠한 형태이든 약간 망설이게 된다. 미지의 일에 대한 두려움 탓이다. 지금까지 해 본 적이 없는 일을 새롭게 시도하는 것에 대하여 '자신의 결정이 과연 올바른 결과로 연결될 것인가?' 하는 일종의 불안감 때문이다. 한 치 앞도 안 보이는 캄캄한 암흑 속에서 한 발 한 발 내딛을 때 느끼는 두려움과 비슷한 사례다.

좀더 구체적으로 말하자. 처음 구입하고자 하는 상품이 과연 제대로 성능을 발휘할까? 가격은 적당한가? 너무 높은 가격에 사는 것은 아닐까? 한두 번 사용하고 그냥 구석에 처박아 두어야 하는 물건은 아닐까? 정말 필요한 물건인가? 그 불확실성이 안겨 주는 두려움 때문이다. 다소의 차이는 있어도 이처럼 누구나 약간의 두려움을 갖게 마련이다.

●● 고객의 선택에 영향을 줄 수 있는 요인들

새로운 상품을 구매하거나 새로운 업소를 처음 방문할 때, 판단 기준이 되는 것은 주로 과거의 경험과 구전을 통한 정보들이다. 연구 자료에 의하면 고객의 상품 선택에 영향을 미치는 중요한 요소는 이전의 사용 경험, 타인의 권유, 광고 선전, 지인과의 관계, 영업 사원의 판매 능력 순이다.

● 고객이 같은 상품을 다시 이용하게 만드는 요인

* 상품의 질
* 애프터 서비스
* 직원의 친절도
* 기업의 이미지
* 접근의 용이성
* 이용의 편리성

이러한 요소들이 그나마 불확실성에 대한 두려움을 해소시켜

구매 결정을 하도록 도와 준다. 따라서 총괄적으로 훌륭한 서비스란, 두려움을 불식시키고 상품을 구입한 고객이 자신의 결정이 옳았음을 느끼게 해 주는 것이다.

보험 설계사의 권유로 보험 상품을 계약할 때, 그대는 사후 서비스에 대하여 조금은 미심쩍어하면서 계약을 한 적이 있을 것이다. 과연 '나에게 이 보험을 이용할 일이 생길까?' 하는 일말의 의구심 때문이었을 것이다. 그러나 어떤 위험이 닥치고 제공되는 보험 서비스가 아주 우수하여 그대가 품었던 우려를 말끔히 씻어 준다면, 그대 스스로 이 계약의 결정에 흡족함을 느낀다면, 그 보험 상품은 만족스런 서비스 수준을 갖추었다고 말할 수 있다.

●● 고객을 방황하게 만들지 마라

음식점을 찾을 때도 마찬가지다. 과연 이 음식점의 음식 맛은 괜찮을까? 위생적일까? 종업원들은 친절할까? 음식점에 들어가기 앞서 우리는 순간적으로 이런 생각을 한두 번씩은 경험했을 것이다. 잠시 뒤 후회하는 것은 아닌지, 혹시 옆집이 더 좋은 식당은 아닌지, 하는 선택의 갈등이다.

이럴 때 그 갈등을 해소 시켜 줄 수 있는 유일한 요소가 바로 과거의 경험이다. 과거에 즐겼던 음식 맛, 직원들의 친절함, 내부 시설의 청결함 등 지난번에 경험한 만족스런 서비스가 선택의 두려

움을 말끔히 해소시켜 줄 수 있는 것이다. 그대가 고객의 두려움을 확신으로 바꾸어 줄 만한 만족스런 서비스를 펼쳤을 때, 고객은 재구매의 갈등과 두려움을 일지감치 털어 내고 확신에 찬 발걸음으로 다시 방문할 수 있는 것이다.

항공기가 비행 도중 난기류를 만나 기체가 심하게 흔들리거나 번개를 맞아 기우뚱하고 요동치면 승객들은 위험을 직감한다. 안전에 대한 불안감을 아주 강하게 느낀다. 어떤 이유로 비행기가 갑자기 흔들리는지, 항공기의 자체에 결함이 생긴 것은 아닌지, 과연 안전하게 목적지까지 갈 수 있을 것인지…. 두려움에 휩싸인다.

이와 같은 경우 승무원의 적절한 상황 안내 방송과 추후 항로에 대한 확실한 정보 제공은 두려움에서 벗어나 편안하게 여행할 수 있는 분위기를 조성한다. 몹시 갈팡질팡하며 헤매는 고객에게 그대의 확신에 찬 서비스는 갈 길을 비춰 주는 등대가 된다.

● ● 고객을 열렬히 환영하라

일단 고객과 마주치면 고객이 그대의 서비스를 선택하기 전에 품었던 두려움을 해소시켜라. 그대가 제공하는 서비스를 통해 고객이 미래에 대한 불안을 느끼지 않도록 배려하라. 선택의 기로에서 방황하지 않도록, 확실한 신뢰를 쌓아 가도록, 고객과 만나는 순간마다 최선을 다하라.

● 고객의 두려움을 해소하기 위해서는 다음과 같은 배려

● 첫째, 진심으로 환영하라

고객의 방문에 대하여 진정 감사하는 마음으로 열렬히 환영하라. 가게를 오픈했을 때 찾아온 첫 고객, 신제품을 출시했을 때 첫 구매 고객에게 느꼈던 고마움을 그대로 유지하라. 한결같이 고객의 방문에 감사하며 환영하라.

● 둘째, 세심하게 안내하라

처음 방문하거나 새로운 제품을 이용하는 고객들은 당연히 어색한 느낌을 갖고 적응하는 데 서툴게 마련이다. 이럴 때일수록 세심하게 안내해야 한다.

업소나 매장을 방문한 첫 고객에게는 먼저 제품의 배치, 계산대, 화장실, 내부 시설에 대하여 충분한 안내를 한다. 제품을 새로 구입한 고객에게는 사용 설명서를 보는 법, 사용 매뉴얼 등을 정성껏 설명한다. 그래야 고객은 비로소 새로운 환경에 대한 불안감을 불식시킬 수 있다.

● 셋째, 자연스럽게 대하라

가뜩이나 새로운 환경에 낯설어하는 고객에게 너무 형식에 치우친 응대를 하거나 지나치게 정중한 접대 매너는 오히려 고객을 더 불편하게 할 수 있다. 차라리 고객의 성향을 잘 파악하여 눈높이 서비스를 제공하는 편이 바람직하다.

단골 고객은 주변 환경과 제품에 대하여 익숙하기 때문에 스스로 편안함을 느끼지만 첫 고객의 경우는 그렇지 못하다. 무엇보다도 편안함이 우선이다. 편안함은 자연스러운 태도에서 우러나온다.

● 넷째, 주의를 늦추지 마라

첫 고객은 아무래도 실수를 하게 마련이다. 복잡한 매장에서 원하는 상품의 자리를 찾지 못하고, 사용법이 서툴러 상품의 고장을 일으키곤 한다. 고객이 새로운 선택을 두려워하는 이유도 바로 그 때문이다. 고객의 실수가 발견되면 주의를 늦추지 않고 있다가 신속히 대처하

라. 하지만 절대 고객을 부끄럽게 만들지 마라. 자연스럽게 해결할 수 있어야 한다. 고객의 자존심을 건드릴 수 있는 예민한 부분이나 개인적으로 남에게 보이기 싫어하는 부분은 보아도 못 본 척 자연스럽게 대응하라.

● 다섯째, 기억에 남는 서비스를 하라

무엇보다도 중요한 것은 고객의 마음을 흥분시킬 수 있는 만족스러운 서비스이다. 다음에 주저 없이 다시 선택할 수 있는 인상적인 서비스를 제공하라. 반드시 고객은 그 느낌을 잊지 않고 오래 기억할 것이다.

● 여섯째, 철저하게 마무리하라

흔히 저지르는 실수 중의 하나가 바로 마지막 긴장을 늦추는 것이다. 언제나 예기치 못한 사고는 모든 상황이 끝났다고 생각하면서 마음이 풀어지는 순간에 찾아온다. 고객이 시야에서 사라지는 마지막 순간까지 최선을 다하라. 돌아가는 고객에게 감사하다는 인사를 전하고 다시 방문하길 희망하고 다음 방문까지 고객의 모든 일이 순조롭게 진행되기를 기원하라

● 일곱째, 지속적인 관계를 유지하라

판매가 끝났다고 해서 모든 거래가 종료된 게 아니다. 이제부터 시작일 뿐이다. 애프터 서비스 내용을 충실히 준수하고, 사용 만족도 등을 수시 점검하고, 행사나 제품 안내 같은 홍보 메일 등을 통해 지속적

으로 고객과의 관계를 유지하라. 전담 직원을 배치하여 좀더 밀접한 관계를 조성하면 고객은 더욱 편안함을 느끼고 이웃들에게 적극적으로 선전한다. 그 다음엔 이웃들과 함께 동행한다. 실제로 상품을 선택하는 데 영향을 끼치는 중요한 요소로 이웃의 권유가 상당한 비중을 차지한다.

이처럼 고객의 두려움을 해소시켰다면 다시 찾아왔을 때 평생 고객으로 만드는 일만 남았다. 다시 방문한 고객을 실망시키지 않아야 한다. 다시 찾아온 고객을 놓치는 일이 없어야 한다. 어렵게 방문한 고객을 문 앞에서 돌려보내는 어리석은 직원이 바로 그대가 아니길 바란다.

고객의 두려움을 해소시켜라

고객의 불만을 피하지 마라

만약 그대가 서비스 담당자이고 고객이 그대의 서비스에 대해 문제가 있다고 생각하는 경우, 그 고객이 그대에게 오기 전까지 받았던 모든 좋은 서비스에 대한 기억이 송두리째 사라지기 쉽다. 하지만 그대가 제대로 대처한다면 그 고객이 그 전까지 경험했을지도 모를 속상한 마음을 씻어 버릴 수도 있다. 그대야말로 진실의 순간을 마련해야 할 사람이다.

– 도날드 포터

고객의 서비스에 대한 기대치와 그 서비스의 수행 결과 사이에 갭이 발생할 때, 불만이 생겨나고 그 차이의 크기에 따라 불만의 강도가 달라진다.

기대치란 고객이 지불한 만큼의 보상을 기대하는 주관적 가치의 정도다. 그러나 서비스는 감정적 요소가 강하기 때문에 고객의 심리 상태나 주변 상황에 따라 그 결과가 상당히 가변적이다. 여기에 어려움이 있다. 고객의 기대만큼 서비스의 수행 결과가 만족스럽지 못하면 고객의 기대치와 서비스 수행 결과 사이에 틈이 발생하고 결국 불만이 나타난다.

텍사스 A&M 대학 레오나드 L. 베리 교수는 수년 동안의 서비스 품질 조사 결과를 바탕으로 가장 흔한 고객들의 서비스 불만 사항을 10가지로 정리했다.

Tip

❶ 원치 않은 서비스를 임의로 추가해 요금을 청구하거나 의도적으로 비용을 높여 부르는 뻔뻔스런 부정직 · 불공정 행위.

❷ 고객을 어리석거나 부정직한 사람으로 간주하여 무례하게 상대하는 행위.

❸ 서비스 요원이 약속과 다른 서비스를 제공하거나 부주의하여 실수가 많은 서비스.

❹ 고객의 문제를 해결하려는 의지도 능력도 없는 무능력한 서비스 요원들.

❺ 고객들이 긴 줄로 늘어서서 기다리고 있을 때 몇몇 카운터는 직원이 없어 닫혀 있는 경우.

❻ 인간적인 감정 교류가 없이 눈도 마주치지 않는 직원의 삭막한 서비스.

❼ 어떻게 문제를 해결해야 하는지 묻고 싶어하는 고객과 대화하기를 꺼려 침묵으로 일관하는 서비스 수행 요원들.

❽ 고객의 도움 요청을 짜증스러워하는 현장 직원들.

❾ 고객들이 자주 묻는 어렵지 않은 질문조차 답변하지 못하는 직원들.

❿ 고객이 기다리고 있는 중에도 개인적인 일을 보고 있는

●● 완벽한 것은 없다

대부분의 현장 서비스 요원들이 서비스를 제공할 때
오늘도 최선을 다하고 있다. 물론 그 중에는 고객의 불만을
야기하는 직원도 있긴 하지만, 그래도 그들은 고객 서비스에 열중
하면서 고객의 불만을 방지하기 위해 노력한다. 하지만 신이 아닌
이상 100% 완벽함이란 있을 수 없다. 허점은 있게 마련이고 실수
도 가끔 발생한다.

서비스의 생산은 제조업의 제품 생산과 다르다. 서비스 생산 현
장에 고객이 직접 참여하고 있기 때문에, 서비스 현장에서 발생한
실수는 그 결과가 곧바로 서비스 평가에 영향을 준다. 현장에서
고객의 기대치를 충족시키지 못해 생기는 불만은 아주 사소한 문
제에서 부터 손해 배상을 불러일으키는 심각한 사건에 이르기까
지 다양하다.

단순히 물 한 잔이나 종이 한 장을 요구한 고객이 무시를 당했
다며 흥분한다. 이것이 발단이 되어 고객이 이성을 잃는 경우가
있다. 고래고래 소리를 지르거나 삿대질을 하며 폭언을 하는 상황
에 이르기도 한다. 중요한 사업 계약 때문에 예약한 항공편이 담

당자의 실수로 예약자 명단에서 누락된다. 고객이 항공기 탑승을 못 하는 바람에 계약이 파기되어 손해 배상을 요구하는 경우도 발생한다.

●● 문제를 어떻게 풀어 나가느냐에 달려 있다

물론 이러한 실수가 일어나지 말아야 하고 그대 또한 이런 실수의 발생을 막기 위해 최선을 다하고 있다. 우리도 알고 그대도 잘 알고 있다. 하지만 뜻하지 않은 돌발 사고가 발생하여 고객은 분노하고 그대는 당황한다.

발생한 사고나 실수의 심각성이 문제가 아니다. 사후 처리를 어떻게 하느냐에 따라 그 결과의 차이는 엄청나다. 흥분한 고객을 어떻게 응대하느냐에 따라 고객을 영원히 잃어버릴 수도 있고, 이전보다 더 좋은 이미지를 가지게 만들 수도 있다.

흥분한 고객을 맞상대하여 같이 흥분함으로써 발생한 실수를 영원히 돌이킬 수 없는 치명적인 사태로 발전시킬 것인지, 분노한 고객을 슬기롭게 다룸으로써 평생 고객으로 만들 것인지…. 바로 그대가 문제를 어떻게 풀어 나가느냐에 달려 있다.

●● 고객의 불만은 곧 기회다

　미국 워싱턴 D. C 고객 관련 전문 연구기관인 TARP(e-satisfy.com)사의 연구 결과에 따르면 다음과 같다. '불평을 말하던 고객의 54%~75%는 불편이 해결되면 다시 그 회사와 거래한다. 이 비율은 불만 해결이 신속하고 만족하게 해결되었다고 느끼는 경우엔 95%까지 높아진다. 불만족스런 고객은 일반적으로 그 불만을 하나에서 열까지 다른 사람들에게 말한다.

　불만을 품고 있는 사람의 13%는 그 불만을 20명 이상의 사람에게 자세히 불평한다. 하지만 만족스럽게 해결되었다고 생각하는 고객은 자신이 느꼈던 경험을 평균 40, 50명의 사람에게 말한다.'

　연구 결과에서도 알 수 있듯이 흥분하거나 불만을 토로하는 고

객을 슬기롭게 응대할 때 멋진 결말이 맺어진다. 단순히 고객 당사자만을 만족시킬 뿐만 아니라 이웃들에게 이 경험을 전하여 새로운 고객을 끌어들이고 그 브랜드나 제품을 구매하도록 만드는 등 부가적인 효과를 거둔다.

고객의 불평 불만을 무조건 부정적으로 보고 거부감을 갖거나 회피하려고만 해서는 안 되는 이유가 바로 그 때문이다. 이미 저질러진 실수와 일시적인 서비스 수행 실패에 연연하지 마라. 사후 처리를 얼마나 지혜롭게 할 수 있는가에 초점을 맞추어 문제를 풀어 나가라.

실제로 불평 불만을 제기하는 고객은 비록 불만스러워도 아무런 내색을 하지 않다가 그 자리를 떠나서 영원히 돌아오지 않는 고객보다는 훨씬 그대의 서비스를 아끼고 사랑하는 고객이다. 그들의 기대를 저버리지 않도록 불만 불평을 회피하지 말고 적극 응대하여 개선을 위한 지렛대로 삼아야 한다.

●● 불평하는 고객은 그대를 사랑한다

고객이 불평 불만을 제기하거나 사소한 실수에 의해 고객이 흥분하면, 현장 직원들의 경우 대부분 몸이 굳어져 당황하기 시작한다.

'이런 일이 왜 내게만 일어나는 거야.'

'오늘 일진이 사나운 날이구나.'

'이처럼 난처한 상황을 모면할 방법은 없을까?'

초보자일수록 도망갈 궁리부터 한다. 어디론가 숨고 싶은 심정이다. 하지만 그래서는 더더욱 곤란하다. 그럴수록 신속하고 명확하게 친절히 대처하라. 실수를 만회하고 다시 원래의 상태로 되돌려 놓을 수 있도록 배려하라. 더 나아가서 신속하게 처리하기를 고대하던 고객의 기대에 부응했을 때, 그 고객은 행복한 마음으로 돌아갈 것이다. 그 뒤부터 그대가 실수를 하더라도 이해하고 용서할 수 있는 단골 고객으로 변해 있을 것이다.

●● 잠시 자리를 뜨고 마음을 가라앉혀라

격분하면서 이성을 잃고 불만을 터뜨리는 고객을 두려워하거나 피하지 마라. 적극적으로 해결을 시도하려면 그들이 끝까지 말하도록 기다려야 한다. 고객이 흥분을 발산하는 중간에 끼어들거나 변명을 하면 오히려 일을 더 그르칠 수도 있다. 괜한 변명을 늘어놓지 말고 충분히 감정을 발산할 기회를 주어라.

단 한 번의 실수 때문에 고객이 그토록 흥분하는 경우란 많지 않다. 적어도 세 번 이상 연속하여 불만스런 사고가 발생했을 가능성이 높다. 먼저 사과를 하고 조용히 경청하면서 정확한 원인을 파악하고 적절한 해결책을 구상하라. 충분히 들어 주는 것만으로도 고객이 흥분을 가라앉히고 문제가 해결되는 경우가 의외로 많다.

원인을 정확히 파악하고 해결 방안을 구상했으면 잠시 여유를 가지고 심호흡을 하라. 그리고 시간을 두고 해결책을 제시하는 것이 좋다. 고객의 불만을 끝까지 듣는 과정에서 틀림없이 그대의 감정을 건드리는 표현이 나올 것이다. 그렇다고 참지 못하면 지금까지 잘 해 온 모든 일들이 수포로 돌아간다. 잠시 장소를 바꾸거나 그 장소를 떠났다가 마음을 가라앉히고 다시 돌아와서 해결 방법을 찾기 시작하라.

서비스 담당자의 실수가 있었으면 서슴없이 실수를 인정하고 사과하라. 정직한 사과만큼 훌륭한 해결 방법은 없다. 고객의 오해가 있었다면 상황을 차근차근 알기 쉽게 설명하라. 하지만 고객을 훈계하듯 얘기하지 말아야 한다. 직원의 실수였으면 가능한 한도 내의 충분한 보상이 필요하다. 물질적이든 정신적이든 고객이 충분히 납득하도록 신속하게 성심 성의껏 처리하라. 그대가 성심 성의껏 노력하고 있다는 점을 느끼도록 만들어야 한다.

고객의 오해가 있었다면 직접적이기보다는 간접적으로 차분하게 설명하라. 고객이 스스로 깨닫도록 유도하는 것이 가장 중요하다. 사실을 인지시키기 위해 무리하게 강요하는 일은 절대 없어야 한다.

●● 불만 고객에게 감사하라

불만이 해결되었으면 반드시 문제점을 제기한 데 대하여 감사를 표하라. 실제로 불만을 품고 돌아서서 다시는 발길을 하지 않는 고객보다, 이렇게 현장에서 불만을 터트려 주는 고객은 다시 돌아오겠다는 의지가 강한 고객이다. 불만의 표출은 다시 한번 기회를 주겠다는 의도란 걸 잊지 말아야 한다.

기대치에 비하여 서비스 제공 결과가 턱없이 부족할 때 고객의 불만 표출은 지극히 당연한 행위다. 고객이 기대하는 만큼의 서비스를 제공하면 고객은 만족할 것이다. 기대치를 초과하여 서비스를 제공하면 고객은 감동을 받는다.

고객이 불만을 제기하더라도 피하거나 부끄럽게 생각하지 마라. 적극적으로 대처해 나가는 것이 문제를 해결하는 지름길이다. 이와 같은 대처 요령은 불만을 만족으로 바꿀 수 있는 바람직한 자세다.

point

대우받기를 원하는 고객의 정당한 권리를 충분히 수용할 수 있을 때 서비스 제공자의 인격도 보장받을 수 있다.

26 문제를 이렇게 해결하라

거짓말쟁이가 받는 가장 큰 벌은 그 사람이 진실을 말했을 때 아무도 믿지 않는 것이다.

– 탈무드

미국의 고객 만족 관련 컨설팅 회사 중에 최고의 권위를 자랑하는 TRAP사. 그 회사의 창시자인 존 굿맨은 고객의 불만이나 불평에 관하여 다음과 같은 이론을 발표했다.

Tip

❶ 불평 불만을 신고하여 그 해결에 만족한 고객의 해당 상품·서비스 구입 결정율은 불만이 있어도 신고하지 않은 고객에 비하여 매우 높다.

❷ 불평 불만 처리에 만족하지 못한 고객의 비호의적인 평판의 영향은 만족한 고객의 호의적인 평판의 영향과 비교하여 두 배나 강하게 판매를 억제한다.

●● 고객의 불만은 생길 수 있다

언제나 애정과 정성 어린 마음을 가지고 고객을 대하라. 진심으로 고객에게 봉사하겠다는 자세로 현장에서 서비스에 전념하라. 그러다 보면 자연스럽게 고객에게 그대의 진실이 전달된다. 그대의 진실한 마음을 감지하는 순간 고객은 당연히 고마움을 느끼게 되고 감사하게 된다. 상품을 다시 구매하거나 매장을 다시 방문하는 것은 그대에 대한 고마움의 표현이다.

고객이 다시 방문하도록 만드는 것은 이전의 경험이 만족할 만했기 때문에 가능한 것이다. 고객의 욕구를 충족시키는 만족스런 서비스의 바탕에는 아주 사소한 부분까지도 세심하게 주의를 기울여 조그만 실수라도 미연에 방지하려는 노력으로 일관하는 그대가 있기 때문에 가능하다.

하지만 항상 고객의 입장에서 생각하고 고객을 존중하며 정성껏 서비스를 수행하더라도, 때때로 고객의 마음을 상하게 하는 일이 일어난다. 의식하지 못하는 사이에 실수를 하게 되고 동료나 고객의 실수가 오해를 불러일으켜 그대의 실수로 잘못 알려지기도 한다. 이런 크고 작은 일들이 모여 고객의 불만을 야기한다. 그대가 그 분노를 직접 감수해야 한다.

고객의 불만은 언제 어디서나 제기될 수 있다. 아무리 주의를 기울여도 뜻하지 않는 실수가 발생한다. 그 실수가 그대의 의도와는 전혀 상관없이 발생했어도 실수 그 자체는 고객에게 결코 긍정적인 영향을 미치지 못한다. 따라서 발생한 실수를 재빨리 해결하고 고객에게 다시 긍정적인 인상을 심어 주기 위한 적절한 조치가 신속히 뒤따라야 한다.

이미 엎지른 물을 주워담긴 어렵지만 더 깨끗한 물로 대체할 수는 있다. 문제가 발생하자마자 직면하는 어려운 환경을 그대가 주도적으로 끌고 나가라. 신속하고 정확하게 사후 처리를 한다면 고객의 신뢰를 다시 회복할 수가 있는 것이다.

●● 고객에게 '죄송합니다' 라고 말하라

많은 연구기관의 조사 결과에서도 알 수 있다. 불만을 가진 고객의 60% 이상이 신속하게 문제 해결이 되었을 경우 다시 그 회사와 거래를 한다는 점이다. 비록 고객의 불만이 발생해도 그 불만을 신속하고 성실하게 처리한다면 불만 이전 상태로 충분히 되돌릴 수가 있는 것이다.

고객의 불만을 사전에 예방하고 조그만 실수도 발생하지 않도록 미연에 방지하는 일이 최선의 방책이다. 하지만 불만을 해결하기 위해 노력하는 서비스 담당자들의 성실함, 진솔함, 신속함이 인정된다면 오히려 불만 이전보다 더 두터운 신뢰 관계를 구축할 수 있게 된다.

문제가 발생하여 고객이 분노하면 일단 사과하라. 어설프게 변

명하거나 핑계를 대면 문제를 더욱 어렵게 만든다. 많은 서비스 담당자들은 고객에게 사과하는 일에 대해 상당히 부담을 갖고 있다. '죄송하다' '미안하다' 는 표현이 잘못을 인정하는 경우로 해석되지는 않을까 하는 염려 때문이다.

그러나 전혀 그렇지 않다. 고객과 그대 사이의 일이 제대로 진행되지 않았다는 사실에 대하여 고객을 배려하는 유감의 인사일 따름이다. 반드시 그대의 잘못을 인정한다는 점을 의미하는 건 절대 아니다. 일단 고객에게 사과했으면 흥분한 고객을 진정시키고 상황을 정확히 파악하는 게 필요하다. 그 다음, 슬기롭게 난관을 헤쳐 나갈 기지를 발휘하라. 고객의 불만을 해소하는 데는 단계적이고 기술적인 대처가 필요하다.

1) 경청하라

우선 고객의 불만 사항을 끝까지 참으며 들어라. 대부분의 고객은 불만 내용을 모두 말하는 것만으로 불만의 반은 해소되는 느낌을 갖는다. 고객이 말을 하는 사이에 끼어들지 않도록 하는 게 중요하다. 섣불리 고객의 말을 중간에서 자르고 변명을 한다거나 이쪽 상황을 억지로 이해시키려 하다 보면 상황을 더욱 악화시키는 경우도 발생한다.

고객의 말을 들으면서 중요한 부문을 가끔 메모하라. 정확한 사태 파악에 많은 도움이 될 뿐만 아니라 고객에게는 문제 해결을 위해 노력하는 그대의 모습을 보여 주게 된다. 남의 말을 끝까지 경청하라. 그러면 설득의 문은 열릴 것이다. 그대의 그런 모습이 고객에게 신뢰감을 줄 수 있다.

2) 상황을 정확히 파악하라(업무적 심리적 복합적 측면)

첫 번째 단계에서 불만의 내용을 충분히 들었다면, 불만 내용을 근거로 불만의 발생 원인과 과정을 정확히 분석한다. 주변 사람들의 도움을 빌어 그 과정에서 발생한 여러 가지 정황과 자료들을 듣거나 수집한다. 업무적인 내용인지, 심리적인 부분의 비중이 높은지, 두 가지 모두가 복합적으로 이루어져 발생한 것인지…. 객관적으로 분석하라.

3) 해결책을 강구하라

두 번째 단계까지 성공적으로 마쳤으면, 이제 문제 해결 단계로 들어

가야 한다. 얼마나 신속하고 성실하게 대처하느냐에 따라 고객을 잃느냐 다시 찾게 만드느냐를 결정짓는 중요한 단계다.

먼저 고객의 오해인지, 직원의 실수인지, 상품의 하자가 있는 것인지 알아내라. 그 다음, 문제를 해결하려면 어떤 방법이 최선인지 가늠하라. 해답이 나오면 현장에서 자신의 능력으로 해결이 가능한 문제인지, 상사에게 도움을 청해야 하는 것인지 결정해야 한다. 결정했다면 신속히 처리하고 고객이 기대한 것보다 더 많은 것을 주도록 하라.

문제 해결의 기본 자세는 다른 게 아니다. 고객의 입장에서 항상 생각하고 가능한 한 고객이 원하는 바를 이루도록 노력해야 한다. 사소한 것을 지키려다 큰 것을 잃는 우를 범하지 않도록 해야 한다. 지금 불만을 제기하는 고객은 단지 한 사람이 아니다. 다수의 주변 사람에게 이 사실을 털어놓을 것이라는 사실을 늘 명심하여야 한다.

4) FEED BACK하라

문제가 해결되고 고객이 해결에 만족했다는 사실이 확인되면 다음 단계로 넘어가라. 그 발생 원인이 어디에서 비롯된 것인지, 재발 방지를 위해 어떠한 노력이 필요한지, 다양한 각도에서 다시 분석하고 검토하라. 그렇게 해야만 비슷한 일이 다시 발생할 경우 가장 쉽게 문제를 해결할 수 있다.

어쩌면 이 단계가 문제 해결의 가장 중요한 단계일 수도 있다. 그러나 간혹 이 단계를 단지 직원의 징계를 위한 근거로만 이용하는 경우가 있다. 이는 재발 방지를 통한 고객 만족의 본래 취지에 전혀 맞지 않는다. 오히려 현장 직원의 사기와 서비스 마인드에 왜곡된 시각을 심어 줄 우려도 없지 않다. 처벌을 피하기 위해 규정을 벗어난 유연성을 발휘하지 않는 결과를 초래할 수도 있다. 그런 측면에서 신중하게 접근해야 할 단계다.

●● 고객은 자신의 잘못을 인정하지 않는다

고객이 불만을 제기하는 원인을 분석해 보자. 구매한 상품·서비스의 질이 기대 이하일 경우, 서비스 요원의 실수, 고객 자신의 실수로 구분할 수 있다. 크게 나누면 서비스를 제공하는 쪽의 귀책 사유, 잘못된 정보에서 비롯된 고객 자신의 오해, 두 가지로 구분한다. 하지만 서비스 진행 과정에서 발생하는 직원들의 실수만큼이나 고객 본인들의 실수에 의해 발생하는 불만도 적지 않다. 실제로 고객 본인의 귀책 사유로 발생하는 불만이 모든 불만의 1/3을 차지한다고 한다.

그대가 각별히 관심을 가져야 할 부분은 따로 있다. 그 원인이 고객에게 있든 제공하는 측에 있든 고객은 그 불만 때문에 피해를 보았다고 생각한다는 점이다. 그대의 숙제는 이러한 고객의 불만을 해소시키는 데 집중되어야 한다.

고객의 불만에 기술적으로 대처해 나갈 때 가장 어려운 부분이 고객과 함께 해결책을 모색해야 하는 단계다. 먼저 그대의 과실에 따라 고객이 피해를 보았다면 주로 고객의 피해를 복구시키고 보상하는 과정이 된다. 쉽게 말해 고객을 설득하는 단계다. 고객을

설득할 때 기대 이상으로 보상할 수 있다면 더할 나위 없겠으나 현실은 그렇지 못하다. 고객이 기대하는 수준과 그대가 보상할 수 있는 적절한 수준에서 무리가 가지 않을 정도로 절충해야 한다.

고객의 실수나 오해로 인하여 문제가 발생했다면 고객이 잘못 알고 있는 정보를 바로잡아야 한다. 고객은 본질적으로 잘못을 쉽게 인정하지 않을 뿐만 아니라, 잘못이 명백히 밝혀져도 그 잘못에 정당성을 부여하려 한다. 막무가내의 고객과 상식이 통하지 않는 무례한 고객을 만날 경우 그대는 더욱 난감해진다.

●● 인간의 심리를 파악하라

미국 애리조나 주립대학의 심리학과 석좌교수인 로버

트 치알디니. 그는 상대를 가장 효율적으로 설득하기 위해 알아야 할 인간심리 6가지 법칙을 발표했다.

● 인간심리 6가지 법칙

1) 상호성의 법칙

인간은 남이 자신에게 베푼 만큼 자신도 그에게 갚아야 한다는 의무감을 가진다. 때문에 남이 양보하면 자신도 양보하여 심리적 부담을 떨쳐 내려 한다.

2) 일관성의 법칙

인간은 그 동안의 습관적인 언행에 따라 일관되게 대처하려는 맹목적인 욕구를 가지고 있다. 이전의 주장과 행동을 정당화시킬 뿐만 아니라 그 상태를 계속 유지하려고 한다.

3) 사회적 증거의 법칙

인간은 주어진 상황이 애매 모호하거나 상황 파악이 곤란한 경우 어떻게 행동해야 하는가? 다른 사람들의 행동을 보고 따라 하는 '사회적 증거' 에 의존한다.

4) 호감의 법칙

외모가 단정하거나 얼굴이 잘 생긴 사람이 남에게 긍정적인 감정을 심어 준다. 어떤 사람을 평가할 때, 자주 만난 사람과 신체적 매력이 넘치는 사람이 그렇지 못한 사람보다 훨씬 좋은 평가를 받는다.

5) 권위의 법칙

인간 사회의 조직 안에서는 권위에 대한 복종이 절대적인 영향력을 행사한다. 박사, 교수, 사장 등의 직함을 쓰거나 고급스럽게 치장하는 것은 권위를 상징하려는 의도가 강하기 때문이다. 이 권위가 미치는 영향력은 의외로 막강하다. 현장에서 고객의 불만을 감당하기 어려울 때, 상사에게 도움을 요청하면 일이 쉽게 풀어지는 경우가 많다.

6) 희귀성의 법칙

일반적으로 쉽게 구할 수 없다면 그 가치는 상대적으로 높다. 그 대상이 쉽게 구할 수 없는 것이면 그 대상에 대한 선택의 자유가 줄어든다. 따라서 인간은 이미 누리는 자유의 상실이 두려워 그 선택의 자유를 되찾기 위해 행동한다.

●● 그대의 고객을 설득하라

고객에게 처음부터 최선을 제시하지 마라. 적극적으로 방어하다가 한발 양보한다면 고객도 양보할 것이다. 고객이 제시한 수준과 그대가 원하는 수준의 차이가 있다면 그 두 배를 제시하라. 그런 후 서로 반반씩 양보하여 그대가 최후에 원하는 것을 얻어내면 된다.(상호성의 법칙)

238

고객이 최초의 주장을 꺾지 않으면 무리하게 밀어붙이지 마라. 다른 대안을 제시하는 편이 훨씬 효과적일 수 있다.**(일관성의 법칙)**

불만을 제시하는 고객의 주변 사람들은 피해의 당사자가 아니므로, 그대의 제안이 상식적이고 보편적인 수준이라면 모두 고개를 끄덕일 것이다. 불만을 제기한 고객도 그 수준이 비록 자신의 기대에 미치지 못해도 자신이 충분한 보상을 받았다고 생각할 것이다.**(사회적 증거의 법칙)**

단정한 외모와 신체적 매력이 있는 직원을 해결사로 파견하면 고객은 대체로 우호적이다.**(호감의 법칙)**

설득이 벽에 부딪히면 상사에게 도움을 청하는 것도 한 방법이다.**(권위의 법칙)**

고객에게 특별 대우를 받는다는 인상을 심어 주면 의외로 쉽게 화를 누그러뜨리는 경우가 많다.**(희귀성의 법칙)**

고객 앞에서
이것만은 삼가자

고객은 당신의 서비스를 지속적으로 판단하는 정신적 성적표를 가지고 있다.

– customer service for dummies

서비스를 제공하는 과정에 고객이 직접 참여한다. 의료 서비스를 받으려면 고객이 병원을 찾아가서 그 치료 과정에 참여해야 한다. 미용 서비스를 받으려면 반드시 미용실을 찾아가 직접 그 서비스의 수행 과정에 참여해야 한다. 항공 서비스, 호텔 서비스, 교육 서비스, 요식 서비스 등도 마찬가지다. 서비스를 제공받는 고객과 서비스를 제공하는 직원이 동시에 한 공간에 존재하면서 같이 호흡한다.

서비스 제공자가 고객과 항상 같이 호흡하기 때문에 현장 요원들의 일거수 일투족은 고객의 시야를 벗어날 수 없다. 고객은 서비스 요원들의 모습에서 서비스의 질을 본다. 서비스 현장 요원들

240

의 행동이나 태도가 고객의 마음에 긍정적인 모습으로 각인되어
야 서비스 상품의 가치가 더욱 돋보인다.

●● 부정적인 태도는 거래를 망친다

그대를 앞에 세워 두고 서비스 담당자가 개인적인 전
화 통화를 오래 한다면 어떤 감정이 생길까? 넓은 가슴으
로 얼마든지 이해할까? 대체로 아닐 것이다. 대부분의 고객은 그
처럼 도량이 넓지 않다. '이 사람은 충실하지 못한 사람이구나. 일
을 잘 처리할 만큼 성실해 보이지 않는다' 고 단정해 버린다.

드디어 전화를 마친 서비스 담당자에게 그대의 용무를 말한다.
그러자 그 서비스 담당자가 턱을 한 손으로 괴고 그대를 빤히 쳐
다보면서 마치 '이런 멍청한 질문을 하는 사람이 있냐?' 는 식으로
응대하는 모습을 경험한 적은 없는가? 아마 그대는 더 이상 그런
직원과는 거래를 하고 싶지 않을 것이다.

서비스 현장에서는 서비스 담당자의 모습에 따라 그 서비스의
성공 여부가 결정된다. 서비스 담당자의 부정적인 태도와 행동은
거래의 성공을 방해하는 커다란 장애로 작용한다. 현장에서는 서
비스 담당자의 어떠한 행동도 고객의 시야를 벗어날 수 없기 때문
에, 항상 고객에게 긍정적인 인상을 심어 주도록 노력해야 한다.
서비스 담당자의 긍정적인 태도는 서비스의 가치를 상승시키고

거래가 원활히 이루어지도록 돕는다. 반면에 부정적인 행동들은 그 결과가 치명적이기 때문에 각별히 주의해야 한다.

병원 서비스를 예로 들자. 의료인들이 친절하게 환자의 상태를 설명하거나 병원 시설을 청결하게 유지하려는 모습은 환자들에게 긍정적인 이미지를 준다. 그러나 환자를 무시하는 듯한 권위적인 태도는 더 이상 환자들에게 신뢰를 주지 못한다. 철저하게 일하는 항공기 정비사의 모습은 고객에게 안전에 대한 우려를 떨쳐 버리게 하지만, 고객과 대화하면서 팔짱을 끼고 다리를 떠는 증권 회사 직원은 고객에게 신뢰감을 주지 못한다.

서비스 담당자의 행동과 모습은 서비스 그 자체의 성공 여부와 별개로 고객의 감정을 자극한다. 따라서 서비스 담당자는 고객에게 부정적인 영향을 끼칠 만한 일들을 삼가야 한다.

●● 부정적인 인상은 사소한 것에서 비롯된다

서비스 현장에서 고객이 무시당하거나 외면당하고 있다는 느낌이 들지 않도록 조심스럽게 대처하라. 무관심한 표정으로 무뚝뚝하게 상대하고 고객을 귀찮은 존재로 생각하면서 행동한다면, 고객은 그대의 이러한 행동과 업무 태도를 훔쳐보면서 자신을 무시하는 처사라고 생각한다. 결과적으로 불만족을 느낀 고객은 서비스 상품의 질은 낮게 평가한다.

무관심해 보이는 표정, 고객을 귀찮아하는 모습으로 비춰지는 행동과 태도는 알고 보면 아주 사소한 것에서 출발한다. 고객과 대화하면서 무심코 발을 떨거나 손장난을 하는 행동 등이 그것이다. 이러한 행위는 고객에게 '나를 우습게 알고 이러한 행동을 서슴없이 하는구나' 하는 불쾌한 감정을 느끼게 한다. 고객 앞에서 신문을 보거나 개인적인 전화로 시간을 보내고 있다면, 고객은 그대가 무관심하다고 판단해 버린다.

이와 같은 업무 자세를 스스로 인지하지 못하거나 인지하더라도 대수롭지 않게 생각하는 경향이 짙다. 하지만 고객이 보았을 때 이러한 모습들은 불량스러워 보일 뿐만 아니라 업무에 충실하지 못하다는 인상을 주기 때문에 빨리 고쳐야 한다. 그리고 나서 고객을 유쾌하게 만드는 업무 태도를 익히도록 노력해야 한다.

● 현장 서비스 담당자가 고객 앞에서 삼가야 하는 것들

1) 고객 앞에서 음식물을 먹거나 마신다.

고객 앞에서 음식물을 섭취하는 일은 서비스 현장의 분위기를 어수선하게 할 뿐만 아니라, 서비스 담당자의 단정한 이미지에 부정적으로 작용한다.

- 껌을 씹는다.
- 담배를 피운다.
- 식사를 하거나 간식을 먹는다.
- 커피나 음료수를 마신다.

2) 개인적인 일을 한다.

업무중에 개인적인 일을 하는 모습을 보이면 고객은 그대를 불성실한 직원으로 평가한다. 당연히 고객은 그대에게 일을 맡기려 하지 않는다.

- 개인 용무의 통화를 한다.
- 신문 잡지를 본다.
- 서랍이나 주머니 정리를 한다.
- 화장을 고치거나 머리를 빗질한다
- 바둑 장기 등의 오락을 한다.

3) 대인 관계에 부정적인 태도를 취한다

고객을 상대할 때 방어적인 태도로 간주되는 몸짓은 지양하라. 상대의 의견이나 주장에 대하여 받아들이지 않겠다는 의지를 표현한 것으로 간주될 만한 태도는 고객에게 오만하고 공손하지 못한 인상을 준다.

- 팔짱을 낀다.
- 다리를 꼬고 앉는다.
- 주머니에 손을 넣고 걷거나 선다.
- 뒷짐을 지고 왔다 갔다 한다.
- 서랍이나 출입문 박스를 소리내어 닫거나 연다.
- 작업 공간의 먼지를 탁탁 턴다.
- 서두르거나 뛴다.

4) 신체 부위를 만지거나 몸을 떠는 행위

고객에게 청결하지 못한 인상을 주게 된다. 특히 요식업 종사들은 각별히 신경을 써야 한다.

- 기지개, 하품, 큰소리로 재채기를 한다.
- 발을 떨거나 손장난을 한다.
- 서 있을 때 짝 다리를 짓거나 등을 기대고 선다.
- 이를 쑤시고 귀를 후비고 손톱을 깎는다.
- 구두나 슬리퍼를 끈다.

5) 서비스 담당자들 스스로 품위를 떨어뜨리는 행위

동료들끼리 즐기던 말투와 행동을 고객 앞에서 보이면 스스로 품위를 떨어뜨리는 격이다. 아무리 함께 호흡을 나누는 사이일지라도 일정한 거리를 유지하는 게 바람직하다.

- 동료에게 반말을 하거나 큰소리로 부른다.
- 동료들과 잡담을 하거나 장난을 친다.
- 상급자나 감독기관이 나타났을 때 고객을 두고 우르르 몰려간다.
- 외래 행상에게 몰려가 물건을 산다.
- 인기인이나 연예인에게 몰려가 사인을 받는다.

6) 응대 에티켓을 벗어나는 행위

- 고객과 눈을 맞추지 않고 딴청을 부린다.
- 휘파람이나 콧노래를 부른다.
- 대화하면서 딴청을 부린다.

– 대화하면서 턱을 괴고 고객을 빤히 쳐다본다.
– 대화하면서 산만하게 이리저리 곁눈질한다.

7) 부정적인 대답

– 안 됩니다.
– 없습니다.
– 곤란합니다.
– 제 소관이 아닙니다.
– 잘 모르겠습니다.
– 근무 시간이 끝났습니다.
– 회사에서 못하게 합니다.
– 규정에 어긋납니다.

point

어느 서비스 현장에나 '직원 외 출입 금지' 공간이 존재한다는 사실은 고객 앞에서 삼가야 할 일이 있다는 걸 의미한다. 고객에게 보여 주어서는 안 되는 모습이거나 굳이 고객이 알아서 좋은 일이 아닌 경우가 있게 마련이다.

28 스스로 만족시켜라

> 세상은 모두 무대다. 남자도 여자도 모두 배우에 불과하다. 사람들은 각기 자기가 출연할 무대를 가지고 있다. 차례가 되면 여러 역할을 연기한다.
>
> – 셰익스피어

서비스의 어원이란 '시중들다' '떠받들다' 이다. 서비스란 누리고 대우받는 쪽이기보다는 직접 제공하고 대우해야 하는 쪽에 더 가깝다.

우리나라의 서비스 문화가 다소 정적인 전통적 유교 문화의 벽에 부딪혀 이 땅에 뿌리내리기까지 적잖은 어려움이 있었다. 유교적 시각에서 볼 때 서비스란 '아랫사람이 전담하는 일' 로 치부되었기 때문에 누구나 선뜻 서비스 분야에 뛰어들기가 쉽지 않았다. 개화 초기 테니스가 처음 도입되었을 때, 경기를 관람한 양반 집 어른이 '저 힘든 일을 왜 직접 하느냐. 아랫사람들을 시키지' 라고 했을 정도였다.

그러다 보니 서비스를 부정적인 시각으로 바라보기 시작했다. 이처럼 왜곡된 시각이 서비스 분야에 입문하려는 초보자들을 주저하게 만들었다.

●● 어설픈 계급적 사고를 탈피하라

지금은 많이 개선되었지만 그럼에도 서비스에 대한 과거의 부정적 이미지가 완전히 사라지지 않고 있다. 그 영향으로 현장의 서비스 제공자마저 힘들어진다. 그대는 이 어설픈 구시대적 계급적 사고에서 하루 빨리 탈피해야 한다. 서비스 제공자인 그대가 즐겁지 않는데 어떻게 고객에게 즐거운 서비스를 제공할 수 있겠는가?

제조 물품은 충분한 검수 과정을 거친 뒤 고객에게 전달된다. 하지만 서비스 상품은 직접 생산하고 전달하는 그대가 서비스의 질을 결정하기 때문에 그대의 영향력은 거의 절대적이다. 그대의 심리 상태와 신체적인 컨디션에 따라 서비스의 질이 좌우된다고 해도 과언이 아니다.

●● 그대 자신을 존중하라

서비스란 그 업무 자체만으로도 피곤하고 힘들다. 같은 행위의 지루한 반복 속에서 처음과 같은 수준의 서비스를 제공해야 하기 때문에 잠시도 긴장을 늦출 수 없다. 때로는 무례하기 짝이 없는 고객을 접대하면서 자신을 다스려야 하는 고도의 스트레스 업무이기도 하다. 특히 직원들에 대한 관심과 배려 없이 일방적으로 징계와 처벌만으로 통제하려는 회사 안에서는 더 참담해질 때도 있다.

하지만 보다 나은 서비스 업무를 위해서는 스스로 만족해야 한다. 먼저 자기가 만족해야 남에게 만족스러운 서비스를 제공할 수 있기 때문이다.

스스로 만족을 느끼려면 먼저 자기를 존중할 줄 알아야 한다. 무엇보다 스스로 자신을 귀하게 여기고 소중하게 여겨야 한다. 스스로 학대하거나 비하시키는 잘못된 생각은 버리고 주변의 어려운 여건들은 신속히 제거하는 게 바람직하다.

그 다음, 자기를 위해 봉사하고 스스로 베풀 수 있는 충분한 여유 시간을 즐겨야 한다. 혼자 여행을 하거나 동기 부여가 가능한 기회를 만들어 자기 계발을 도모하라. 그대의 업무 성과를 자축하면서 가능한 한 개인적인 시간도 많이 가져라.

●● 스트레스를 제거하라

서비스란 스트레스가 쌓이는 업무다. 스트레스를 제거하는 일이 무엇보다 중요하다. 과도한 스트레스는 몸과 마음에 치명적이다. 근본적인 스트레스 해소 요령을 익혀 두어야 하는 것도 그 때문이다.

Tip

- 규칙적인 생활과 건전한 생활 리듬을 유지한다.
- 모든 일을 다 잘 할 수 있다는 생각은 버린다. 비판을 수용하고 비판을 통해 무언가 배울 수 있다고 생각한다.
- 현실을 인정하고 변화에 적응하는 데 늦었다고 생각하지 않는다.
- 항상 기분이 좋을 수 없다는 사실을 인정한다.
- 운동을 생활화한다. 운동은 생체 리듬을 정상적으로 회복시켜 정신적 안정을 가져다 준다.

●● 서비스 문화, 그대가 만들어 나간다

이제 자신감을 가지고 당당하게 서비스하라. 고객들의
어떠한 질문에도 답할 수 있도록 자기 분야에 관련된 지식들을 꾸
준히 쌓고 그 분야의 전문가가 되도록 자기 계발을 계속하라. 자
신감은 쌓은 지식에 비례하여 자란다. 그대가 인정받으려면 서비
스의 품위와 가치가 인정되어야 한다. 품위 있고 가치 있는 서비
스는 품위 있고 당당한 서비스 제공자 스스로 만들어낸다.

고객은 그대의 실수를 인정하고 그대는 진심으로 정중한 사과
를 할 때 고품질의 서비스 문화 형성이 가능하다. 문제를 해결하
기 위해 무조건 굽실거리기보다는 문제가 발생하기 전에 진솔한
친절을 베풀 수 있어야 고품격의 서비스 문화가 자리잡는다. 이처
럼 고품질 고품격의 서비스 문화를 만들어 나가는 그 중심에 그대
가 있어야 한다.

service

4부

서비스 이해

지식을 함양하라

29 모두가 서비스맨이다

　　그대는 서커스나 마술쇼에서 인간 피라미드 쌓는 장면을 본 적이 있을 것이다. 제일 밑에 대여섯 명 또는 그 이상의 사람들이 버티고 그 위에 다시 두 사람의 어깨를 한 쪽씩 밟고 새로운 사람들이 차례대로 윗사람을 딛고 선다.

　　결국은 맨 꼭대기에 마지막 한 사람이 올라감으로써 완성되는데 보기에도 아슬아슬해 손에 땀을 쥔다. 한 사람이라도 중심을 잡지 못하면 전체가 동시에 무너질 듯 비틀거린다. 어쩌다 힘에 부친 한 사람이라도 생기면 한꺼번에 와르르 무너져 버린다. 피라미드를 구성하고 있는 한 사람 한 사람의 역할이 얼마나 중요한지 확연히 실감할 수 있다. 그대가 어떤 조직 안에서 어떤 일을 하고 있다면, 그대는 틀림없이 이 인간 피라미드의 한 구성원이 되어 있는 셈이다.

●● 결국은 고객에게 돌아간다

고객을 직접 상대하는 현장에서 서비스를 담당하고 있거나, 생산라인에서 부품을 조립하고 있거나, 사무실에서 하루 종일 서류와 씨름하고 있거나…. 그대가 어떤 위치에서 어떤 역할을 하든 진행한 일의 결과는 반드시 고객에게 영향을 미친다.

가령 그대가 냉장고를 조립하는 생산라인에서 근무한다고 치자. 고객 서비스와는 전혀 상관없는 일을 하고 있는 것처럼 보이지만 사실을 그렇지 않다. 그 냉장고는 결국 고객에게 전달된다. 고객은 냉장고의 품질에 따라 만족할 수도 있고 실망할 수도 있다. 고객과 마주칠 경우가 없는 사무실에서 진행한 업무도 그대의 손은 떠나면 두세 단계를 거쳐 현장 서비스맨을 지원하는 일로 마무리된다. 그대는 이 사실을 미처 깨닫지 못할 수도 있다.

고객 서비스란 현장에서 고객을 직접 응대하는 서비스 담당자들만의 몫은 아니다. 어디에서 무슨 일을 하든 최종적으로 고객에게 연결되는 과정의 하나라면 그대의 업무에도 서비스 요소가 포함된 것이다. 다만 서비스 요소가 조금 덜한 일을 하고 있을 뿐이다.

하지만 그대나 그대의 동료가 하고 있는 일 중에 어떤 일이 고객에게 더 중요하거나 덜 중요하다고 말할 수는 없다. 모두가 고객 서비스의 일익을 담당하고 있기 때문이다.

●● 고객 서비스는 모두가 해야 한다

오래 전에는 회사의 수익을 내는 데 가장 필요한 것이 돈과 노동력이라 생각한 적이 있었다. 그러나 오늘날에는 고객 서비스 질의 향상이라는 과제가 하나 더 추가되었다. 그러자 많은 회사들이 고객 서비스 질의 향상을 위해 요란하게 움직이기 시작했다.

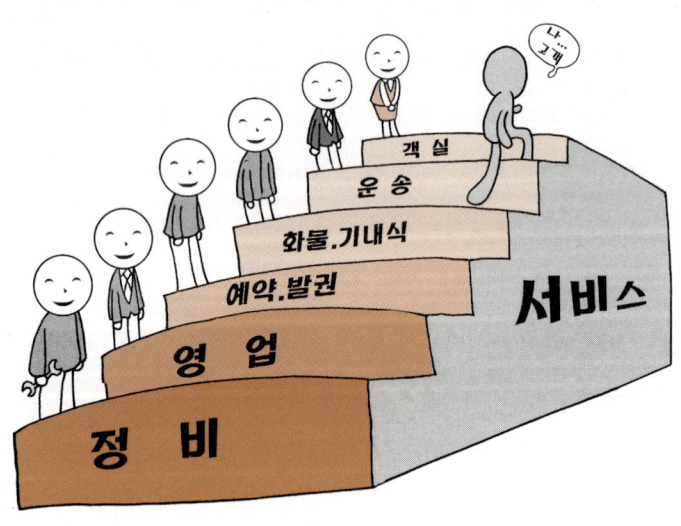

하지만 서비스 질의 향상이라는 목표가 단순히 회사 관리자 몇 사람이 특출하다고 달성되는 성격은 아니다. 모두 동참하여 공감대를 형성하고 함께 노력해야 서비스의 질이 향상된다. 구성원 모두가 고객의 소중함을 뼈저리게 통감하고 직접 피부로 느끼면서 고객에 대한 진정한 서비스 마인드를 형성해 갈 때 가능한 것이다.

●● 중요하지 않는 것이 없다

고객 서비스가 단지 현장에서 고객과 직접 접촉하는 서비스 담당자들에게만 해당되는 것으로 생각한다면 커다란 착각이다. 호텔 서비스의 질이 단순히 호텔의 프론트 라인에서 근무하는 현장 서비스 요원들만의 문제라면서 책임을 전가시키는 것이나 마찬가지다.

레스토랑에 대한 고객의 평가를 단지 홀에서 서비스하는 직원들의 역량 덧으로 돌리는 경우와 무엇이 다른가? 호텔 서비스의 질은 예약 시스템의 완벽함, 객실의 청결함, 부대 시설 이용의 편리함, 주차장 이용의 편리함, 직원들의 친절함 등이 복합적으로 작용한다. 레스토랑에서 제공되는 음식 서비스의 품질은 음식의 재료, 주방장의 솜씨, 주방 기물의 기능, 주방 보조원의 신속함, 실내외 인테리어, 분위기 등등 무수히 많은 요소들이 다양하게 작용하여 결정된다. 그럼에도 불구하고 서비스의 질을 단순히 현장에서 근무하는 서비스 요원들의 서비스 마인드와 서비스 능력에 국한하여 평가한다면 이는 대단히 잘못된 생각이다.

조직 구성원들의 모든 활동은 당연히 고객에게 귀결된다. 고객과의 최종 접점에 있는 현장 요원들은 물론이고, 제품·서비스 상품이 생산되어 고객에게 전달될 때까지의 과정에서 일익을 담당하는 모든 직원들이 고객 서비스의 질에 직접적이고 결정적인 영향을 끼친다.

호텔과 항공사에서 상품을 고객에게 제공하기까지 이루어지는 일련의 과정을 살펴보자. 호텔은 객실이라는 상품을 고객에게 팔고 항공사는 여행 상품을 고객에게 판매한다. 물론 상품을 판매하기 이전에 고객을 유치하기 위해 다양한 마케팅을 벌이고 광고 선전을 한다.

고객이 객실을 이용하거나 항공기를 타는 동안 최대한의 편의와 안락함을 제공하기 위해 노력한다. 고객을 맞이하기 전에 객실 청소, 항공기 정비, 스케줄 관리, 기내식의 맛 관리 등 어느 분야에서든 고객이 만족할 수 있도록 준비한다.

고객이 호텔과 항공사를 다시 이용하도록 만들기 위해, 각각의 담당 분야에서 끊임없이 연구하고 노력한다. 항공사와 호텔의 객실 청소 담당, 정비 담당, 스케줄 메이커, 기내식 담당자들의 모든 절차는 비록 고객과 직접 마주치는 일은 아니지만 어느 것 하나 소홀히 할 수 없다. 고객에게 직접적으로 영향을 끼치는 결정적 요인들이기 때문이다.

●● 그대도 고객 서비스를 하고 있다

Tip

스칸디나비아 항공사 사장이었던 얀 칼슨은 말했다.

"만약 그대가 고객에게 직접 서비스를 제공하는 일을 하고 있지 않다면, 그대의 직무는 고객에게 서비스하는 그 누군 가에게 서비스를 제공하는 것이다."

어느 부서에서 어떤 업무를 담당하든 늘 고객에 대한 서비 스 마인드를 가지라는 뜻이다.

그대가 제조업에서 제품을 생산하든 서비스업에서 서비스를 상품화하든 그 상품의 마지막 종착역은 고객이다. 그렇다면 고객 만족을 위해 다양한 조건들을 충족시켜 야 한다.

상품의 내구성, 안정성, 편리성, 포장 디자인, 사용 설명서의 존재 여부, 전화 응대 직원의 친절도, 배달 요원들의 태도 등…. 상품 하나를 판매하고 고객이 다시 그 브랜드의 상품을 구입하게 하려면 이처럼 많은 요소들이 하나의 멋진 작품처럼 조화롭게 작용해야 한다. 어느 부분 하나 소홀히 취급할 게 없다. 상품이 고객의 손에 전달될 때까지의 모든 과정에서 그 일익을 담당하는 직원들은 그 작업 하나 하나가 고객 만족에 직결된다는 사실을 인식해야 한다. 표면적으로 보기에 비록 고객과 직접적인 접촉은 없지만, 백지 한 장의 뒤쪽에서 모든 구성원들이 고객과 다양하게 접촉한다 해도 과언이 아니다. 그대가 언제 어디에서 무슨 업무를 담당하고 있든, 고객과 항상 호흡을 함께 나눈다는 자세로 임해야 한다.

point

고객 만족을 위한 노력은 한결같이 중요하지 않은 게 없다. 모든 구성원들이 서비스 담당자이며 모든 일이 고객 서비스라고 생각해야 한다.

30 서비스맨의 조건

> 기업이 한 사람의 신입 사원을 채용하는 데 40분밖에 투자하지 않는다면, 그 사람의 잘못을 바로잡기 위해 교육시키려면 400시간이 걸린다.
>
> – 피터 드러커

고객 만족은 현장 서비스 요원들의 친절과 미소만으로 이루어지는 게 아니다. 친절과 미소만으로 고객을 만족시킬 수 있다면 고객 서비스는 아주 쉽다. 하지만 고객 만족은 생각처럼 쉽지 않다.

많은 회사들이 직원들을 모아 놓고 친절·미소 교육을 열심히 시켜 왔다. 그것으로 고객 만족을 위한 모든 준비는 끝났다면서 안도했다. 하지만 고객으로부터 외면을 당하고 나서야 비로소 깨닫게 되었다. 고객 서비스와 고객 만족이 생각처럼 의외로 단순하지 않다는 점을 알게 되었던 것이다.

고객 서비스 안에는 너무 많은 요소들이 집적되어 있다. 친절과 미소는 그 많은 요소 중의 하나일 뿐이다. 그렇다고 친절과 미소를 가볍게 여기라는 뜻은 더욱 아니다. 서비스를 전달하는 수단으로 친절과 미소처럼 좋은 게 없기 때문이다.

고객 만족도의 조사 결과에 따르면, 서비스가 좋을 경우 가격의 10%를 더 지불할 수도 있다고 고객은 생각한다. 가격 경쟁력만으로는 고객의 관심을 더 이상 끌지 못한다. 이렇듯 고객 만족은 단지 한두 가지 고객의 욕구만 충족시킨다고 해서 이루어지는 게 아니다. 많은 요인들이 복합적으로 작용해 도달할 수 있는 목표점이다.

기업 내부의 조직 문화, 서비스 제공 시스템, 내부 직원들의 업무 만족도, 현장 서비스 담당자들의 업무 능력, 매장의 인테리어와 분위기, 청결함, 고객의 심리 상태, 고객이 느끼는 브랜드 신뢰도, 고객의 기대 수준, 고객의 서비스 수혜 경험 등까지 많은 요소들이 다양하게 작용하여 최상의 시너지 효과를 창출할 때만이 가능하다.

●● 그대의 역할은 중요하다

고객의 환영을 받고 싶거든 고객을 만날 때마다 미소를 보내라. 고객의 인정을 받고 싶거든 고객을 친절하게 응대하라. 고객의 신뢰를 얻고 싶다면 자신 있게 서비스를 제공하라. 고객의 관심을 끌고 싶거든 가격을 내려라. 다시 한번 고객이 방문하기를 원한다면 매장을 청결히 유지하라. 고객을 놀라게 해 주고 싶다면 고객 서비스 자료철에서 고객 명단을 확인하고 그 이름을 불러 주어라. 고객이 즐거워하는 모습을 보고 싶거든 그대가 즐겁게 일하는 모습을 보여 주어라.

이처럼 다양한 모습들을 효과적으로 고객에게 전달할 수 있어야 한다. 아무리 좋은 서비스 시스템과 서비스 전략을 갖추었어도 그것이 현장에서 실행되지 않거나 고객에게 전달되지 않으면 아무 의미가 없다. 그래서 현장 서비스 업무를 담당하고 있는 그대의 역량은 대단히 중요한 것이다.

그대가 서비스를 성공적으로 제공해야만 비로소 고객 만족을 위한 다양한 요인들이 제대로 전달된다. 그대가 고객 만족의 최일선에서 일하고 있다면 더욱 철저히 준비해야 한다.

Tip

미국의 세계적인 경영 컨설턴트 짐 콜린스는 최근에 발표된 그의 저서 'GOOD TO GREAT : 훌륭한 기업을 넘어 위대한 기업으로'에서 이렇게 말했다.
"부적합한 사람에게 동기를 부여하기 위해 시간과 에너지를 쏟는 것은 정력 낭비에 불과하다. 적합한 인재를 확보하는 순간, 그들에게 어떻게 동기를 부여하고 그들을 어떻게 관리할 것인가 하는 문제가 대부분 사라진다. 왜냐 하면, 적합한 인재들은 그들이 스스로 동기를 부여하기 때문이다. 관리의 핵심은 그들이 동기를 잃지 않도록 조직을 관리하는 것이다. 훌륭한 회사에서 위대한 회사로 발전하는 과정에서 사람이 가장 중요한 자산은 아니다. 적합한 사람이 가장 중요한 자산이다."

적합한 인재의 확보를 역설하고 있는 것이다. 어쩌면 부적합한 직원의 선택은 바로 기업의 파멸을 불러올 수도 있다. 상대적으로 적합한 인재의 선택과 배양은 최고의 기업으로 성장하는 출발점이 된다.

고객 서비스 담당자는 다음과 같은 인물이어야 한다.

● 첫째, 봉사 정신이 있어야 한다

봉사란 남을 위해 희생할 줄 아는 것이다. 대가를 바라지 않고 진심에서 우러나오는 마음으로 상대를 위해 일할 수 있는 정신이다. 업무 관점에서만 고객을 바라본다면 근무 시간 외에는 더 이상의 관계는 지속되지 않는다.

현대의 서비스 분야에서 고객과의 관계 유지는 업무와 업무 시간을 초월해야 한다. 장기적이고 인간적인 유대를 필요로 한다. 인간적 유대는 계산적이지 않으면서 상대방을 위해 자신의 이익을 양보하는 아량을 베풀 수 있을 때 지속된다.

● 둘째, 베풂의 미덕을 알고 있어야 한다

'GIVE & TAKE'를 뛰어넘어 베풀 줄 알고 베푸는 아름다움을 즐겨야 한다. 그래야 서비스의 진정한 의미와 더불어 스스로 만족하며 보람을 느낄 수 있다.

● 셋째, 정직해야 한다

서비스 현장에서 벌어지는 가장 최악의 사태란 고객을 흥분하게 만들거나 흥분한 고객과 다툼이 벌어지는 경우다. 대부분의 고객이 그대와 그대의 회사를 불신하기 때문에 발생한다. 임기응변의 부정직한 방법으로 상황을 벗어나려다 보면 상황은 걷잡을 수 없이 악화된다.

비록 최악의 상황이 닥치더라도 정직하게 사과하라. 진심으로 사과하고 나서 충분히 설명하라. 그런 과정을 거칠 때, 비록 화를 내던 고객이지만 배신감을 느끼거나 그대를 부정직한 사람으로 단정짓지 않는다. 오히려 사태가 개선된다.

● 넷째, 민첩해야 한다

항상 여유 있는 마음가짐으로 느긋하게 생각해야 과도한 스트레스를 극복할 수 있다. 하지만 생각은 유연하되 행동은 신속해야 한다. 어쩌다 과격한 성격의 고객을 만나거나 한꺼번에 여러 고객들을 대면하는 상황이 닥쳤을 때, 느릿느릿 움직이면 고객을 무시하는 태도로 보여져 오해를 불러일으킬 수도 있다.

● 다섯째, 예의 바르게 처신해야 한다

서비스의 기본은 공손함과 정중함이다. 나이가 많든 적든 지위가 높든 낮든 상관없이 누구에게나 일관성 있게 예의 바른 태도를 유지해야 한다.

● **여섯째, 보편적이고 긍정적인 생각을 가지고 있어야 한다**

고객들의 외모와 생각은 제각각이며 백인 백색이다. 똑같은 사람은 단 한 명도 없다. 이렇게 다양한 고객들을 응대할 때 그대의 편견은 바람직하지 않다. 누구나 상식적으로 생각할 수 있는 수준의 보편적인 사고를 유지해야만 어떤 성향의 고객이든 무난하게 응대할 수 있다. 보편적이고 긍정적인 생각을 가지고 있다면, 상반된 의견 때문에 고객과 대립하거나 충돌하는 등 불미스런 일은 발생하지 않는다.

● **일곱째, 센스가 있어야 한다**

고객이 무엇을 요구하기 전에 먼저 고객이 원하는 바를 알아내어 진행할 때 고품질의 서비스가 이루어진다. 고객이 원하는 바는 표정, 분위기, 몸짓으로 나타난다. 따라서 고객의 마음을 미리 읽어낼 수 있는 눈치와 재치가 필요하다. 설사 그 마음 읽기가 적중하지 못했더라도 고객은 따뜻한 관심으로 받아들이고 만족스럽게 생각할 것이다.
이처럼 고객에게 지속적인 관심을 표현할 때, 한발 앞서 가는 서비스가 탄생된다.

● **여덟째, 성실하고 근면해야 한다**

서비스 현장에서는 똑같은 행동을 끊임없이 반복해야 하고 수없이 미소지으며 인사해야 한다. 서비스는 피곤하고 힘든 일이다. 서비스 맨에게 게으름은 최대의 장애물이다. 그대가 한 걸음 더 고객에게 다가갈 때 고객의 마음은 한 걸음 더 가까이 온다.

● 아홉째, 끼가 있어야 한다

인생은 연극이다. 우리는 모두 '인생'이라는 이름의 연극에 출연하는 배우들이다. 서비스의 현장은 무대다. 그대는 현장이라는 무대에서 고객이라는 이름의 관객을 감동시켜야 하는 배우다. 배우는 무대에만 올라서면 언제나 충분히 발산할 수 있는 끼를 품고 있어야 한다.

●● 스스로 노력하라

선천적으로 사교성이 많거나 활발한 성격이어서 고객을 응대하는 일을 즐거워하는 사람들이 있다. 그대가 그렇지 못하다고 해서 실망할 필요는 없다. 고객 서비스 현장에서 그대가 일한다는 그 자체가 이미 그러한 요인들을 충분히 갖추고 있기 때문에 선택된 것이다. 다만 그대가 알아차리지 못하거나 스스로 계발하지 않고 있을 뿐이다.

천재는 1%의 영감과 99%의 노력으로 만들어진다. 꾸준한 노력과 부단한 자기 계발이 그대를 프로 서비스맨의 자리로 안내할 것이다. 처음부터 완성되어 있는 사람은 아무도 없다. 대부분의 사

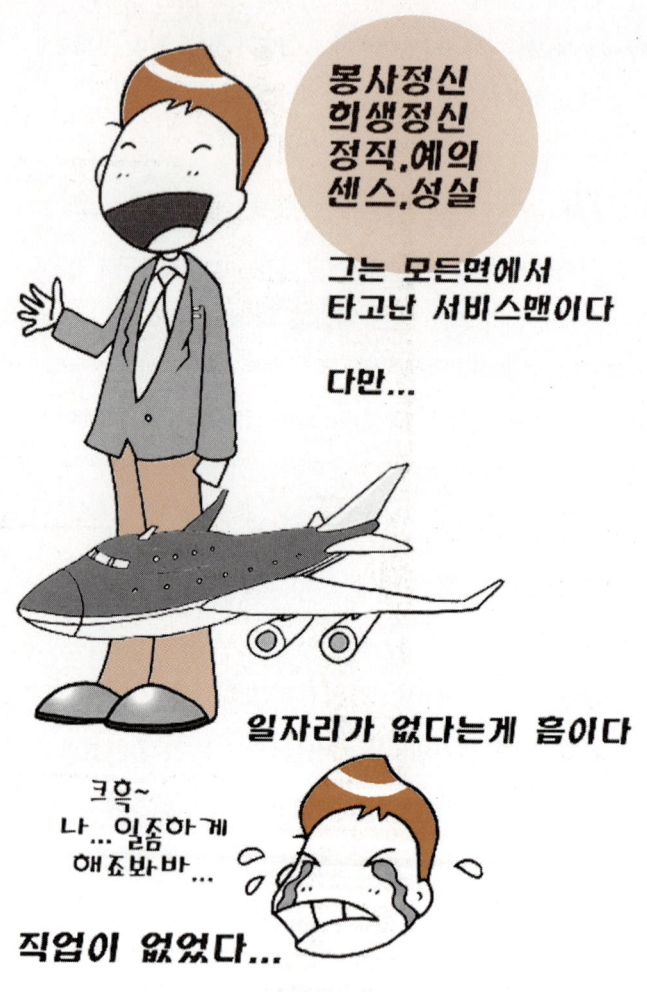

봉사정신
희생정신
정직.예의
센스.성실

그는 모든면에서
타고난 서비스맨이다

다만...

일자리가 없다는게 흠이다

크흑~
나...일좀하게
해죠봐바...

직업이 없었다...

우리나라 경제발전과 취업률의
향상을위하여...

람들이 조금은 모나고 조금은 부족할 따름이다. 그들은 훈련을 통해 서서히 다듬어진다. 돌탑을 쌓아 올리듯 정성스럽게 다가갈 때 그 노력과 경험의 축적이 그 어떤 선천적인 자질보다도 더 훌륭한 열매를 맺게 만든다.

point

그대는 할인점 매장 직원이다. 휠체어를 탄 고객이 들어오더니 어떤 제품의 위치를 물어본다. 과연 그대는 어떤 서비스를 제공하는 직원인가?

A : '저쪽 4번 구역에 있습니다' 라고 알려 준다.
B : 제품이 있는 곳까지 고객을 안내한다.
C : 그대가 직접 제품을 갖고 와서 고객에게 건넨다.

불교에서 말하기를 옷깃만 스쳐도 인연이요, 지금 옷깃을 서로 스치는 인연은 전생에서 수없이 만난 인연의 결과라고 했습니다. 아무리 하찮은 인연일지라도 무시하기 어려운 질긴 인연의 연속이라고 할 수 있습니다.

만남에 여러 종류가 있습니다. 의도적인 것, 우연한 것, 사업적인 것, 친목적인 것, 즐거운 것, 불편한 것, 어려운 만남, 십 년 만의 만남, 연인의 재회, 사제지간의 모임 등등 이루 말로 다 표현할 수 없을 만큼 다양합니다.

모든 만남이 각각 깊은 인연의 연속이며 나름대로의 의미와 명분을 가지고 있습니다. 하나같이 중요한 순간이며 귀중한 만남입니다. 이 소중한 순간을 아무 의미 없이 흘려 보내는 건 너무 아쉽습니다. 이 만남의 순간을 위해 소비한 시간과 과정이 너무 길고 힘들었기 때문이죠.

비록 짧은 만남이라도 상대방에게 의미 있는 인상을 심어 주세요. 지극히 평범한 만남만으로 기억에 남지 않습니다. 무언가 특별한 걸 준비하세요. 인사말이어도 좋고 아름다운 미소여도 좋습니다. 의미 있는 조언이면 더욱 좋고, 진심을 담은 배려라면 더더욱 좋을 것입니다.

그러나 그대가 아무리 특별한 대우를 하면 무엇합니까? 상대방의 마음을 움직이지 않으면 아무 소용이 없답니다. 그를 움직일 수 있도록 많은 고민을 하십시오. 나만의 독특한 무언가를 만들어야 합니다. 그리고 그 개성이 자연스럽게 흘러나오도록 부단히 노력해야 할 것입니다.

아무리 짧은 만남이라도 상관없습니다. 그가 돌아설 때 그의 마음속에 기억할 만한 무언가를 남기십시오. 그리고 간직할 수 있는 선물을 주십시오. 그 선물이 그가 다시 찾아올 수 있는 이정표가 되도록 하세요.

어떤 고객이 여행하던 중에 그대가 일하는 호텔을 이용하려면 가장 먼저 호텔의 존재 여부를 확인해야 한다. 그러나 혹시 알고 있더라도 반드시 그대가 근무중인 호텔을 선택하지는 않는다. 다행스럽게 다시 한번 선택되었다면 과거에 좋은 인상을 받았거나 즐거운 추억을 가지고 있을 것이다.

고객은 전화로 호텔 룸을 예약하면서 그대와 첫 접촉을 시작한다. 호텔 룸 예약은 호텔과의 실질적인 첫 만남이다. 그대와 호텔에 대한 첫인상을 느끼는 순간이다. 물론 인터넷 홈페이지이나 광고 책자 등이 첫 만남의 순간일 수도 있다.

●● 만족과 불만족의 조각들

예약을 한 고객은 호텔에 도착하자마자 출입문에서
호텔 직원들의 환영 인사를 받으며 로비를 거쳐 프런트 데스크로
간다. CHECK-IN을 마치고 벨 보이의 도움을 받아 객실로 이동
한다. 깨끗하게 청소된 객실과 정갈하게 정리 정돈된 침구들이 준
비되어 있다. 허기를 느낀 고객은 룸서비스를 통해 샌드위치와 오
렌지 주스를 마실 수 있다. 아침에 일어나면 조간 신문이 문 앞에
서 기다린다. 이와 같은 일련의 과정을 거치면서 고객은 그대나
호텔에 대한 느낌을 마음속에 하나하나 쌓아 가기 시작한다.

예약 전화를 받는 직원의 목소리를 접하면서 시작된 느낌은 CHECK-OUT 이후 그대의 환송 인사를 받으며 호텔을 떠나는 순간에서야 마무리된다. 고객은 서비스 흐름이 진행되는 매순간 다양한 인상을 받는다. 좋은 이미지일 수도 있고 나쁜 이미지일 수도 있다.

그대와 접촉하거나 호텔을 이용하면서 쌓여진 만족과 불만족의 조각들이 차곡차곡 모인다. 결국은 고객의 뇌리 속에 전체적인 이미지라는 하나의 완성품이 만들어진다. 그처럼 수많은 접촉의 연결 고리 위에 그대와 그대의 동료, 호텔이 놓여 있는 것이다.

●● 고객은 항상 평가한다

서비스에 만족한 고객이 CHECK-OUT하는 순간, 프런트 데스크에서 마주친 그대의 냉담한 표정에 지금까지 받았던 좋은 이미지가 산산이 부서질 수도 있다. 지난밤 내내 호텔 주위가 소란스러워 제대로 휴식을 취하지 못한 고객이 찌증을 간직하고 호텔을 떠나는 순간, 주차 요원의 즐거운 표정과 맑은 목소리가 지난밤의 불쾌함을 깨끗이 지워 버릴 수도 있다.

고객과의 접점에서 제공된 서비스의 조각 조각들이 고객의 마음속에서 서비스 평가 항목으로 구성된다. 하지만 그대가 만족할 만한 서비스를 제공했다고 해서 좋은 이미지가 계속 유지된다는 보장은 없다. 어떤 동료의 서비스에 불쾌감을 느꼈다면 그대가 보인 긍정적인 모습은 이내 사라지고 만다.

반면에 동료의 순간적 실수가 있었다 하더라도 그대가 신속하게 후속 조치를 취한다면 상황이 이전보다 훨씬 나아질 가능성도 충분하다. 따라서 고객 서비스 담당자인 그대는 매순간 최선을 다해야 한다. 레고 장난감의 조각 조각처럼 단 한 조각이라도 빠지면 장난감 기차나 트럭을 완성할 수 없는 경우와 다름없다.

고객의 마음속에 최상의 이미지라는 완성품을 넣어 주기 위해서는 그대와 그대의 동료들 모두가 서비스의 순간 순간을 철저히 관리해야 한다.

●● 순간 순간 최선을 다하라

Tip

SAS 항공사의 얀 칼슨 회장은 그의 저서 'MOMENT OF TRUTH'에서 이렇게 말하고 있다.

"고객과의 접점은 고객과 직원이 만나는 짧은 시간이다. 서비스의 질을 결정하는 순간이며 이는 평균 15초다. 그 접점의 순간이 하루에 약 5만 번 정도 이루어진다. 그 한 번에 단지 15초밖에 걸리지 않는다. 그 짧은 시간에 고객에게 강한 인상을 주어야 하기 때문에, 처음 15초의 순간을 가장 결정적 순간(moments of truth)이라고 한다."

그는 최초의 15초를 고객 만족 경영 추진의 중요한 개념으로 생각했다. 더욱이 고객 접점은 사원과 고객의 직접적인 접촉뿐만 아니라 고객이 그 회사와 접촉하는 모든 것을 의미하므로 광고, 판촉 등과 같은 간접적인 접촉에 이르기까지 전반적인 부분이라고 평가했다.

이 '결정적 순간(MOT)'이란 말은 투우장에서 투우사가 황소에게 마지막 일격을 가하는 바로 그 순간을 의미하기도 한다. 그토록 중요한 순간이 고객과의 접점의 순간으로 비유될 만큼 고객과 그대의 접촉 순간은 매우 의미심장한 것이다.

이 결정적 순간을 어떻게 관리하느냐에 따라 고객을 잃어버릴 수도 있고 고객을 감격시킬 수도 있다. 그대에게 접근하기 전까지 고객이 경험한 이미지들은 더 이상 그대에게 중요하지 않다. 바로 그대가 새로운 경험을 고객에게 선사할 수 있어야 서비스가 성공한다.

물론 고객과의 접점은 항상 그대와의 만남에서만 이루어지는 것은 아니다. 길거리의 광고판이 고객 접점의 상대가 될 수 있고, 신문의 광고 전단지에서도 고객의 접점은 이루어질 수 있다. 이처럼 언제 어디서나 고객과의 만남은 가능하다.

하지만 그 중에서도 가장 능동적으로 고객에게 어필할 수 있는 것은 역시 현장에서 고객을 직접 응대하는 그대와의 만남이다. 그대는 그 수많은 만남의 순간, 즉 결정적 순간을 직접 주도적으로

순간을 관리하라!

관리할 수 있기 때문에 가장 능동적으로 대처할 수 있다. 자, 이제 부터는 그대의 장점을 최대한 활용하여 고객에게 최고의 인상을 심어 주어야 한다. 고객이 그대에게 다가오는 순간부터 고객을 완벽하게 사로잡아라. 고객이 떠나갈 때 완전히 그대에게 반하여 그대의 열렬한 팬이 되게 만들어라.

그대에게 오기 전까지 고객의 지녔던 불쾌함과 짜증스러움을 그대가 나서서 모두 말끔히 씻어 주어라. 비록 고객과 그대가 만나는 순간이 길지는 않을지라도 그대는 고객의 가슴을 마음껏 흔들어 버릴 수 있다. 사전에 무대의 뒷면에서 충분히 준비한 공연만이 성공할 수 있듯이, 결정적 순간이 올 때마다 고객에게 최고의 경험을 맛보게 하기 위해 그대는 충분히 준비하고 기다려라.

어느 한 순간도 중요하지 않는 시간이 없다. 소홀히 다루어도 좋은 시간의 조각은 없다. 모든 순간을 모든 스태프들이 충분히 준비하고 관리해 나가야 한다. 매순간을, 고객이 다음 번에도 다시 이용할 수 있도록 고객에게 확신을 심어 주는 과정의 연속으로 만들어라.

고객과 함께 하는 어떤 순간도 소홀히 지나치지 마라. 고객과의 만남을 준비하는 어떠한 시간의 조각도 성의 없이 준비해서는 안 된다. 결정적 순간은 예측할 수 없으며 언제나 예기치 않게 일어난다. 그리고 순식간에 지나간다. 이 짧은 순간에 고객에게 최상의 이미지를 주기 위해서는 항상 고객에게 주의를 기울이고 고객을 배려하려는 마음의 준비가 되어 있어야 한다.

● 결정적 순간을 관리하기 위한 서비스 십계명

1. 고객과 논쟁하지 말라

2. 고객에게 주는 첫인상을 관리하라

3. 고객이 이기도록 만들어라

4. 고객은 항상 옳다고 생각하라

5. 고객 각자에게 맞는 맞춤식 서비스를 제공하라

6. 고객의 입장에서 공감을 표현하라

7. 고객의 하찮은 목소리도 큰소리처럼 들어라

8. 고객을 기억하라

9. 고객에게 감사하다고 표현하라

10. 고객을 가르치려 하기보다는 이해시켜라

point

단 한 번에 모든 열매가 맺어지지는 않는다. 하나 하나 매순간 노력하고 최선을 다할 때 고객은 반드시 다시 찾아올 것이다.

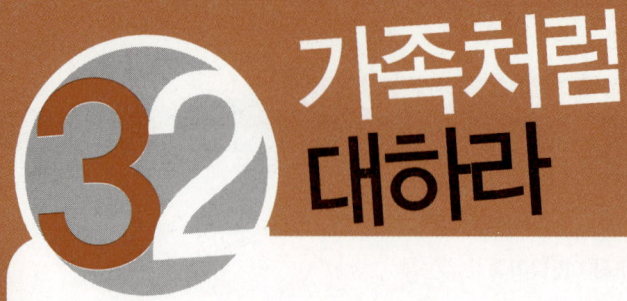

– 세상에서 가장 아름다운 그림

멋진 작품을 그리고 싶은 화가가 있었습니다. 어느 날, 그는 결혼을 앞둔 예비 신부에게 '세상에서 가장 아름다운 것이 무엇이냐?'고 물었습니다.

"사랑입니다. 사랑은 가난을 부유하게, 적은 것을 많게, 눈물도 달콤하게 만들지요. 사랑 없이는 아름다움도 없답니다."

신부가 수줍은 표정으로 대답했습니다.

화가는 고개를 끄덕였습니다. 이번엔 목사에게 똑같은 질문을 던졌습니다.

"그건 믿음입니다. 하나님을 믿는 간절한 믿음이야말로 세상에서 가장 아름답지요."

목사가 자신 있게 대답했습니다.

그 화가는 목사의 말에도 고개를 끄덕였습니다. 하지만 그보다 더 아름다운 무엇이 있을 것만 같았습니다. 때마침 지친 얼굴로 지나가는 병사에게도 물어봤습니다.

"무엇보다도 평화가 가장 아름답고, 가장 추한 것은 전쟁입니다."

병사가 대답했습니다.

그 순간 화가는 무릎을 쳤습니다. 사랑과 믿음과 평화를 한데 모으면 멋진 작품이 될 것 같았습니다. 열심히 그림을 구상하며 집으로 돌아온 화가는 아이들의 눈 속에서 믿음을 발견했습니다. 아내의 눈에서는 사랑을 보았으며 사랑과 믿음으로 세워진 가정에 평화가 있음을 깨달았습니다.

얼마 뒤, 화가는 세상에서 가장 멋진 작품을 완성했습니다. 그 작품의 제목은 다름 아닌 '가정'이었습니다.

– 가족에 관한 좋은 이야기 중에서.

스트레스를 풀거나 반복되는 일상에서 탈출하기 위해 여행을 떠난다. 여행은 해방감, 휴식의 기회, 새로운 경험 등을 선사한다. 하지만 집에 도착하는 순간 이렇게 말하곤 한다.

"집보다 편한 곳이 없어. 집이 최고야."

그 동안 쌓인 피로를 풀고 휴식을 취하기 위해 떠난 여행이지만, 역시 집보다 더 좋은 휴식처란 이 세상 어디에도 없다. 그처럼 집은 익숙함과 편안함을 안겨 주는 최고의 휴식처임에 틀림없다.

●● 기족 같은 익숙함과 편인힘

서비스 현장에서 고객들에게 가족과 같은 익숙함과 편안함을 제공할 수 있다면 이보다 더 나은 고객 서비스는 없을 것이다. 어쩌면 이 같은 목표가 바로 그대가 추구해야 할 최고의 고객 서비스이며 고객이 가장 기대하는 수준일지도 모른다.

요즘은 고객 만족을 위한 무한 경쟁의 시대다. 고객 만족은 사실상 유일한 생존 전략이다. 고객의 관심을 끌기 위해 좀더 새롭고 기발한 서비스 상품을 끊임없이 개발해 내고 있다. 새롭고 독특한 서비스가 아니면 경쟁에서 즉시 탈락할지도 모른다는 두려움이 시장에 팽배하다.

사정이 그처럼 절박하더라도 덩달아 동요할 필요는 없다. 고객 만족 서비스란 반드시 새로운 것에서만 비롯되지 않는다. 차라리 주변에서 쉽게 접할 수 있어 익숙하고 편안한 서비스가 경쟁력에 도움이 된다. 가족처럼 익숙하고 편안하게 고객을 모신다면 그것이 바로 무한 경쟁 시대의 새로운 무기가 될 것이다.

예컨대 형제 자매처럼 친근함을 주는 호텔 서비스 요원이 어머니가 마련한 듯한 편안한 잠자리를 제공한다, 아들과 손자처럼 다정하고 친절하게 안내하는 항공사 직원이 가정에서 지내는 경우와 다름없이 안락한 분위기를 제공한다…. 최근 들어 많은 회사들이 가족 개념을 도입한 서비스 제공에 부쩍 열을 올리는 것도 같은 맥락이다.

●● 한가족 서비스

항공기에 처음 탑승하는 여행객들은 누구나 불안감을 느끼게 마련이다. 새로운 환경에 대한 낯설음과 익숙하지 않은 절차 등에서 비롯되는 심리적 부담이 크기 때문이다. 특히 노약자나 아기를 동반한 고객들일수록 스트레스가 심한 편이다. 항공사에서는 이런 고객들의 불편을 해소하기 위해 서비스 담당자들이 탑승 수속 때부터 목적지 도착 후 마중 나온 사람들과 만날 때까지 가족처럼 동행하며 보살핀다.

●● 고객을 가족처럼

가족은 서로 조건 없는 사랑을 주고받는다. 때로는 일방적인 사랑을 주거나 받지만 부담스러워하지 않는다. 사랑을 받는 쪽이나 주는 쪽도 그 어떤 보답을 기대하지 않는다. 가족이란 이유만으로 서로의 순수한 마음을 열어 버린다. 그대가 고객을 가족처럼 소중하게 대하고 싶다면 이처럼 열린 마음이 바탕에 깔려 있어야 한다.

가족과 같은 친숙함과 편안함을 고객에게 제공하려면 그대는 직접 그 가족의 일부가 되어야 한다. 가족이라는 믿음과 신뢰를 줄 수 있어야 한다. 그래야 그들이 가족처럼 주저 없이 다가올 것이다.

사실 알고 보면 고객을 가족과 같이 소중하게 상대하는 일은 말처럼 쉽지 않다. 어떤 캠페인이나 구호만으로 이루어지는 것도 아니고 누가 시켜서 되는 것도 아니다. 기본적으로 고객에 대한 애

어...
엄마~

정과 열의가 있어야 가능
하다.

고객에 대한 애정이
란 고객을 아끼고 소중하
게 여기는 마음이다.
그대가 고객에 대한 애
정을 실천하려면 고객에
게 먼저 마음을 열어야 한
다. 항상 고객을 배
려하는 마음을 가져야

한다. 동료 모두가 고객을 사랑하는 마음을 가질 수 있도록 분위
기를 조성해야 한다. 아무리 고객을 사랑하는 마음이 충만해 있더
라도 그대 혼자만으로 고객 사랑을 실천할 수는 없다. 구성원 모
두가 고객 사랑이라는 공감대를 형성하고 있을 때 진정한 '가족
사랑' 과 고객 만족이 가능해진다.

가족끼리 서로 편안함을 느끼는 이유란 무엇일까? 서로가 필요
로 하는 것이 무엇인지 너무나 잘 알기 때문이다. 별다른 표현이
나 요구 없이도 미리 알아서 서로의 욕구를 충족시켜 줄 수 있기
때문이다.

가족처럼 대하는 서비스를 제공하려면 먼저 고객의 요구와 필
요한 점이 무엇인지 알아내라. 진정 필요한 것을 파악했을 경우
요구하기 전에 먼저 나서라. 때로는 설문 조사 등을 통해 고객의

요구와 기대에 대한 정보를 얻을 수 있을 것이다. 그 정보를 파악하고 분석하여 적절한 서비스 전략을 수립하라. 연령, 성별, 취미, 취향, 기호 등에 맞게 차별화된 서비스를 제공하라.

●● 고객의 소리를 들을 수 있다

대부분의 고객들은 서비스와 시스템에 불만이 있어도 좀처럼 표현하지 않는다. 불만을 느낀 고객 10명 중 9명은 속내를 드러내지 않는다는 통계 자료도 있다. 많은 사람들은 불만족스러워도 말하지 않고 가슴속에 쌓아 둔다. 그러다가 불만이 계속 누적되면 아무 말 없이 돌아선 뒤 발길을 끊어버린다.

그대가 제공하는 서비스가 아무리 못마땅해도 고객이 말로 표현하지 않는다면, 고객의 마음속에 어떤 감정이 일어나는지 알 길이 없다. 문제점을 알아차리지 못하고 같은 실수를 반복하게 된다. 그처럼 반복되는 실수의 결과는 불을 보듯 뻔하다. 고객은 날로 줄어들어 문을 닫거나 사표를 써야 하는 사태가 발생한다.

반복되는 수준 미달 서비스를 찾아내어 개선하고 양질의 서비스를 추구하려면 무엇이 필요할까? 무엇보다도 고객의 소리를 직접 들어야 한다. 평소에 가족처럼 편안하게 상대했다면, 그 고객은 불만이나 불편한 점을 주저 없이 말할 수 있었을 것이다. 그 점을 명심하라.

●● 고객의 소리는 보석과도 같다

고객의 소리를 자유롭게 청취할 수만 있다면 얼마나 좋을까? 고객과 더불어 호흡할 수 있는 분위기가 조성될 때 고객이 원하는 바를 좀더 쉽게 파악할 수 있을 것이다. 고객의 욕구를 적절히 충족시키고 그때그때 불만을 해소한다면 말없이 돌아서서 발길을 끊어 버리는 고객은 없어진다. 가족처럼 친근한 관계를 유지할 때 고객들은 주저 없이 욕구 불만, 문제점, 희망 사항을 말한다.

당연히 똑같은 실수를 반복하는 일이 없어진다. 내 집처럼 드나들고 싶은 편안함, 격의 없는 대화, 주저 없는 문제 제기 등은 고객의 소리를 창출하는 보석이다.

point

고객에게 가족 같은 애정을 보인다면 고객은 결코 그대의 마음을 저버리지 않을 것이다.

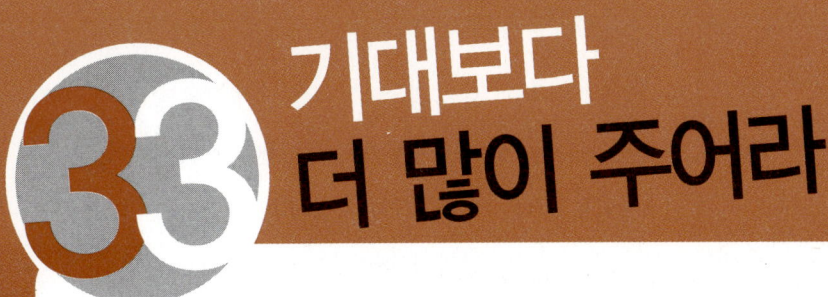

33 기대보다 더 많이 주어라

> 그들이 원하는 것을 알려고 노력하되 절대로 추측하지 마라. 그들의 기대치보다 더 많은 것을 제공하라.
>
> – 페트리샤 갤럽 / pc커넥션

고객에 대한 최상의 서비스는 그대의 최대 목표이자 영원한 과제다. 하지만 서비스에 문제점이 발견되어 서로 얼굴을 붉히는 일이 가끔 일어난다. 신이 아닌 이상 완벽한 서비스란 불가능한 것인지도 모른다. 하지만 모든 서비스 현장에서는 '무결점 운동'을 전개하거나 서비스 실패 사례를 줄이기 위해 고군분투하고 있다.

●● 예기치 않은 상황은 언제나 발생한다

완벽하게 일을 처리한 것처럼 느껴져도 결함은 발견되게 마련이다. 거금을 들여 새 자동차를 구입했는데 한 달이 안 되어 서비스센터를 찾아야 한다. 현지 사정에 따라 갑자기 일정이 바뀌는 바람에 여행사와 관광객들은 실망한다. 문제가 발생하면 무료로 부품을 교환해 주거나 정비를 실시하고 그래도 곤란하면 자동차를 교환해 준다. 불만을 제기한 고객에게 전화를 하거나 메일을 보내 사과하고 재발 방지를 약속한다. 사후 서비스, 환불, 교환 서비스 등도 고객의 신뢰를 회복하기 위한 노력이다.

●● 신속하게 처리하라

최근 자동차 보험 가입자들을 대상으로 '보험 상품을 선택할 때 가장 먼저 고려하는 사항들이 무엇인가?' 물었다. 가입자들은 상품의 질이나 가격보다는 사후 발생 처리 서비스의 질, 즉 보상 서비스의 수준을 꼽았다. 고객의 인식에 많은 변화가 생기기 시작한 것이다.

고객은 일반적으로 상품이나 서비스를 구입할 때 최상의 품질을 지녔으면 하는 바람은 있지만, 상품을 사용하거나 서비스를 받는 과정에서 발생하는 일정 수준의 결함은 인정한다는 점이다. 다만 사후 보상 처리 절차나 보수 처리 속도를 상품과 서비스 선택의 최우선적인 기준으로 삼겠다는 의미가 된다.

따라서 서비스가 실패했다면 신속히 사후 처리를 해야 한다. 서비스에 하자가 발생했음에도 불구하고 사후 처리 서비스를 소홀히 한다면 고객들을 다시 한번 실망시키는 격이다. 실수는 단 한번으로 족하다. 두 번이나 참고 넘어갈 고객은 그리 많지 않다. 신뢰 관계를 재빨리 회복하지 않으면 고객은 다시 그대를 믿으려 하지 않는다. 다시 한번 명심하라.

상품을 선택할 때 고객들은 하자 보수나 환불과 같은 보상 서비스의 질을 가장 먼저 고려한다. 고객의 관심은 사후 처리 절차의 신속성과 보상 수준에 있다.

●● 무너진 신뢰를 회복하라

그대가 호텔 숙박, 호텔의 부대 시설 이용, 현지 관광, 특별 이벤트를 포함한 3박 4일의 패키지 여행 상품을 판매했다. 고객은 3박 4일 동안 이 상품에 포함된 모든 과정을 빠짐없이 즐길 수 있을 것이라고 기대했다.

하지만 호텔 사정으로 특별 이벤트 참여와 부대 시설의 사용이 불가능해졌다. 결국 고객과의 약속을 어긴 꼴이 되고 말았다. 이때 사후 관리를 어떻게 하느냐에 따라 고객을 영원히 잃어버릴 수도 있고, 오히려 더욱 호의적인 고객으로 만들 수도 있다.

약속이 깨졌다고 느끼는 순간, 가장 먼저 고객에게 사과해야 한다. 그리고 가능한 한 빠르게 사후 처리에 돌입하라. 애초에 제공하기로 약속한 서비스에 상응하는 대안을 제시하라. 물론 이 약속으로 모든 상황이 끝난 것은 아니다. 깨어진 약속에 대한 보상 서비스를 마지막으로 제공해야 한다. 한번 무너진 고객의 신뢰는 쉽게 회복되지 않는다. 처음보다 몇 배의 노력과 보상이 필요하다.

예약한 호텔이 약속을 지키지 못한다면 주변 호텔의 시설을 사용할 수 있도록 조치하거나 아예 주변 호텔로 옮기는 일이 어긴 약속에 대한 대안이 된다. 그뿐이 아니다. 다음 기회에 사용 가능한 호텔 무료 숙박권 제공, 부대 시설 이용 등의 혜택을 부여하는 등 추가 보상 서비스를 실시해야 한다.

고객과의 약속을 어겼을 때, 단순한 하자 보수나 결점 치유 정도의 사후 관리만으로는 완전한 보상 서비스를 제공했다고 할 수 없다. 실망한 고객의 마음을 달래고 다시 신뢰를 회복하기 위해서는 누구나 하는 기본적인 수준의 보상만으로는 부족하다. 고객이 기대하고 예상하던 수준보다 더 많은 것을 주어라. 그것이 보상 서비스의 진정한 의미가 된다.

단순한 원상 복구만으로 보상 서비스를 마쳤다고 생각하면 착각이다. 고객이 입었을 마음의 상처까지 완벽하게 치료해야 한다. 고객이 기대한 것보다 더 많이 주어야 무너진 신뢰를 회복할 수 있다.

●● 판매는 끝이 아니고 시작이다

Tip

어느 날 미국의 노드스트롬 백화점에 흥분한 남자가 들이닥쳤다. 그는 자동차 타이어가 불량하다는 이유를 들어 환불을 요구했다. 알고 보니 그 자동차 타이어는 노드스트롬 백화점이 취급하는 품목이 아니었고 판매를 한 적도 없었다. 그 타이어는 노드스트롬이 오래 전에 인수한 계열 회사에서 판매한 품목이었지만, 담당 직원은 군말 없이 반품을 받고 환불했다. 이 같은 서비스 마인드에 힘입어 노드스트롬 백화점은 마침내 전설적인 서비스 신화를 창조하면서 미국 내 최고의 백화점으로 성장했던 것이다.

상품을 판매했다고 모든 상황이 끝난 것은 절대 아니다. 상품을 판매하는 그 순간부터 고객 관리의 시작일 뿐이다. 판매는 끝이 아니라 출발이다. 하루 이틀 장사하고 치울 게 아니라면 최상의 보상 서비스를 연구하고 개발하라. 지금 이 순간 그대가 눈을 돌려야 하는 관심사는 사후 고객 관리다. 한 명의 고객을 잃는 것은 단지 그 고객에게 다시 물건을 팔 기회를 잃었다는 사실만 의미하지 않는다. 그 고객이 평생 구매했을 경우에 얻을 수 있는 미래의 커다란 이익을 잃는 격이다.

point

실수를 기회로 활용할 줄 아는 전화위복의 지혜를 발휘해야 한다.

34 규정을 극복하라

직원들이 고객을 너무 너그럽게 대접한다는 이유로 손해 보는 위험
은 그리 크지 않다. 그보다 더 큰 문제는 책임지는 게 두렵다는 이
유로 직원들이 고객 서비스를 아예 포기하는 경우다.

– 얀 칼슨

　　**규정과 규칙의 적용 여부를 놓고 고민해야 하는 사례
가 더러 나타난다.** 현장에서 서비스를 제공할 때 가장 곤혹스
러워지는 일 중의 하나다. 진심으로 고객을 도와 주고 싶은데 사
내 규정이 걸림돌이 된다. 규정과 규칙이 너무 엄격하다고 느껴질
때는 그 문제가 더욱 심각해진다.

　　예를 들어보자. 단지 2, 3분의 주차 시간을 초과한 차량에 대하
여 과연 초과 요금을 징수하는 게 옳은지, 주차 요금을 내기 위해
교통 체증 때문에 기다린 시간을 인정해야 하는지 고민할 때가 있
다. 이 경우 단골 고객 전용 별도의 계산대를 운용한다고 하자. 일
반 고객이 다가와 계산을 요구한다면 엄격히 규정을 적용하여 다

른 계산대로 보내야만 하는지 망설일 수도 있다. 물론 경우에 따라 차별화 서비스를 제공하는 것이 당연할지도 모른다. 하지만 고객 서비스의 성격으로 비추어볼 때 딱 부러지게 분명한 선을 긋기가 곤란하다. 그러다 보니 어느 정도의 규정 위반은 불가피해진다.

회사의 규정은 고객마다 분명한 차별화를 요구하고 있다. 이 때문에 고객 서비스 담당자의 고민이 시작된다. 고객의 요구가 크든 작든 거절하는 일 자체가 결코 마음이 편하지 않다. 규정과 규칙을 어겼을 경우 발생하는 불미스러운 결과에 대하여 책임져야 하고 그에 상응하는 징계를 감수해야 하기 때문이다.

●● 유연성을 발휘하라

규정에 너무 매달리면 좋은 서비스가 구현될 수 없다. 때때로 규정을 넘어 과감히 담당자의 판단에 따라 고객의 요구를 수용할 수도 있어야 진정한 고객 서비스가 가능해진다. 규정에 얽매여 모든 일 하나 하나를 따지다 보면 규정에 어긋나는 일은 조금도 하지 않으려고 한다.

규정 해석에 대한 유연성을 무시하는 분위기가 조성되면 조직은 새로운 규정을 다시 만들어야 하고 그 규정을 시행하기 위한 규칙을 다시 또 만들어야 한다. 결국 악순환이 반복되어 아주 사소한 일까지도 규정을 따지려 하고 필요한 규정을 모두 회사에서 만들어 주기를 원한다. 이른바 '규정의 노예'가 되어 버리는 것이다.

이렇게 제정된 규정들은 현장 종사자들을 경직되게 만들고 담당자들의 재량권은 거의 없어진다. 결국 서비스 현장은 얼어붙게 마련이다. 그처럼 경직되고 형식적인 분위기는 고스란히 고객에게 전달된다. 규정 범위 안에서만 움직이는 것이 습관이 되면 발전이 없고 현재의 수준을 유지하기에 급급해진다. 하루가 다르게 변해 가는 경쟁 사회에서 현상 유지는 곧 퇴보를 의미한다. 그럼에도 불구하고 그 규정의 벽을 깨려는 사람이 나타나지 않는다. 자, 이제부터 유연성에 눈을 돌려야 한다.

●● 성과에 대한 인정과 보상으로 보완하라

규정의 철저한 적용 여부를 놓고 고민하는 가장 큰 이유는 무엇일까? 어쩌면 고객과의 마찰보다는 규정을 임의대로 적용했을 때의 후속 절차 때문일 수도 있다. 진심으로 고객을 위해 규정과 규칙을 일부 위반했음에도 불구하고 그대의 건전한 의도와 진실은 인정되지 않는다. 단지 그 결과만을 놓고 규칙 위반 여부를 따지는 부적절한 사후 처리가 적극적인 서비스를 망설이게 한다.

너무 획일적이고 경직된 규정의 적용은 고객, 회사, 직원들 모두를 괴롭힌다. 경우에 따라서는 서비스 담당자의 능력이나 진심마저 의심받게 될 때도 없지 않다. 서비스 담당자의 입장은 고려하지 않고 일방적 징계나 문책성 조치가 뒤따르면, 직원들의 사기는 급격히 저하되고 더 나아가서는 고객 서비스 업무에 자신감이 떨어지게 마련이다.

현장 직원의 실수가 있을 때 징계 정책으로 일관하지 마라. 징계 우선 정책이 지속될 경우 소극적인 고객 서비스와 복지부동만 초래한다. 이 점과 관련하여 미국 GIS사의 CEO인 제레스티드는 말하고 있다.

"복잡한 회사 규정은 1%의 못된 직원을 대상으로 한 것이기 때문에 99%의 선량한 직원들을 속박한다. 어느 누구도 규정대로만 일을 할 수는 없다. 그 때문에 대부분의 사람들은 어차피 지키지 못할 바에는 윗사람이나 즐겁게 하자는 자세를 취하게 된다. 불필요한 규정을 없애야 직원들이 자유롭게 일할 수 있다. 중요한 것은 규정집이 아니라 성과와 보상이다."

어쨌든 서비스 담당자의 사기가 떨어지고 업무 재량의 폭이 줄어들게 되면 이는 곧바로 고객 응대에 직접 영향을 미친다. 서비스 담당자의 경직된 태도와 밝지 못한 표정은 즉각적으로 고객에게 전달된다. 무표정한 응대와 거친 반응은 고객을 불쾌하게 만들고 불평 불만을 초래한다. 그 결과는 궁극적으로 회사의 신뢰를 떨어뜨리고 만다.

●● 예외 없는 규정은 없다

자, 그대는 이제 규정의 현장 적용에 대하여 절충 가능한 꼭지점을 찾아야 한다. 어떻게 하는 것이 고객의 욕구를 충족시키고 회사의 규정에도 어긋나지 않을까? 규정의 적용 여부에 대한 원칙을 신중히 검토해야 한다.

● 첫째, 규정의 종류에 따라 차별 적용하라

공공의 질서를 파괴하거나 인명에 치명적인 손상을 가져오는 행위를 제한한 규정이 있다. 이러한 규정은 엄격히 지켜야 한다. 자칫 규정을 완화하면 그대에게 무거운 책임이 따른다.

● 둘째, 규정의 취지를 정확하게 파악하라

다소 유연성을 발휘할 수 있는 규정이더라도 상황에 따라 많은 변수가 있다. 일반적인 경우에는 일부 규정을 완화하여 적용해도 인정될 수 있지만, 특별한 경우에는 적용되지 않을 수도 있다. 이 때 그 규정의 근본 취지를 충분히 이해하면 적용 여부를 판단하기가 수월하다.

● 셋째, 재량권의 한계를 파악하라

담당자가 생각하는 재량권의 한계는 어디까지인가? 예외 규정을 적용하고도 고객의 추가 서비스 요청이 있다면 그 때 다시 고민해야 한다. 담당자 입장에서 고객의 추가 요구를 감당할 만한 수준인지 판단해 봐야 한다. 다시 한 차례의 규정 완화나 예외 규정의 적용이 불가피하다면 섣불리 결정할 이유가 없다. 상사에게 자문을 구하거나 도움을 요청하는 것이 바람직하다.

● 넷째, 고객의 입장에서 판단하라

위의 세 단계가 충분히 반영되었으면 고객의 입장을 먼저 고려해 판단한다. 고객에게 불편한 규정보다는 고객의 편의를 도모할 만한 다른 규정을 찾아보는 편이 훨씬 더 좋은 방법이다.

고객과 신경전을 벌이지 마라. 다양한 고객을 상대하다 보면, 규정을 넘어 무리하게 요구하거나 상습적으로 무례를 범하는 고객들이 나타난다. 소수의 부정직한 고객을 의식해 만들어진 규정이 다수의 선량한 고객에게 피해를 준다면 결코 바람직한 제도는 아닐 것이다.

규정이란 원활한 서비스를 지원하기 위한 룰이다. 따라서 서비스 담당자는 규정에 휘둘리는 노예로 전락해서는 안 된다. 규정과 규칙은 일을 효율적으로 수행하는 데 도움을 주는 도구일 뿐이다.

특별히 조심해야 할 점이 있다. 규정이나 규칙 때문에 고객과 신경전을 벌이지 않아야 한다. 어떤 규칙이든 처음부터 수긍하는 고객은 그리 많지 않다. 몇 차례 시도해 본 뒤 그제야 규정을 인정하고 따르는 경우가 대부분이다. 몇 번의 설득 과정에서 서비스 담당자가 괜히 오기를 부리면 규정의 예외 적용과 완화에 가장 큰 걸림돌이 된다. 고객과의 신경전은 전혀 도움이 되지 않는다. 그

대의 감정을 다스리면서 그 순간을 슬기롭게 극복하라.

　회사를 대표한다는 자부심으로 고객을 상대하라. 고객은 그대를 단순한 개인으로 간주하지 않는다. 고객은 그대의 태도가 회사의 브랜드와 이미지를 표출한다고 생각한다. 그대가 신속하고 자신 있게 업무를 처리할 때, 고객은 그대뿐만 아니라 회사까지 신뢰하게 된다.

●● 그대가 곧 규정이다

"**최선의 노력을 유도하기 위해서는** 인간의 존엄성을 손
상시키거나 격하시키는 방침과 시행 매뉴얼을 폐지하라. 규정 때
문에 직원들의 자존심을 훼손하는 일이 없어야 한다. 직원을 도둑
처럼 취급하는 방침과 매뉴얼을 만든다면, 고객과 회사의 장기 이
익을 위해 뛰어야 할 때 적극 노력하지 않는다. 참여는커녕 관심
도 갖지 않는다."

– 톰 피터스 –

보다 냉정하게 말한다면, 현장에서 고객에게 서비스를 제공하
는 그대가 곧 규정이요 규칙이다. 규정과 규칙이 그대의 업무에
일일이 관여할 수 없다. 따라서 현장에 있는 그대의 결정이 곧 그
순간의 규칙이요 규정인 것이다. 현장 상황을 가장 잘 파악하고
분석할 수 있는 사람이 바로 그대이기 때문이다.

규정과 규칙은 비정상적인 사태가 벌어졌을 때 대처할 수 있는
지침이다. 때문에 신입 사원들의 기본적인 근무 수칙으로서의 역
할을 할 뿐이다. 직원을 속박함으로써 그 악영향이 고객의 불편으
로 이어지는 것은 결코 바람직하지 않다. 규정은 가장 적절하고
가장 유연하게 고객의 입장에서 적용될 수 있어야 한다.

35 베풀고 봉사하라

훌륭한 인물이 되고 싶다면 남을 섬겨라. 봉사가 가장 위대한 행동
이다.

— 예수

스포츠맨은 체력과 기술을 바탕으로 팬들에게 즐거움
을 선사한다. 팬들은 그 보답으로 아낌없는 환호를 보낸다. 연
예인은 자신의 끼를 유감 없이 발휘하여 관객들에게 감동과 기쁨
을 준다. 관객들은 그 보답으로 사랑과 애정을 표시한다.

우리 인간은 알게 모르게 끊임없이 베풀면서 이웃의 봉사와 헌
신을 받아 가며 살아가고 있다. 주위를 둘러보거라. 항상 받기만
하며 살아가거나 언제나 주기만 하며 사는 사람은 사실상 없다.
알고 보면 우리의 삶 자체가 베풂과 봉사의 연속이다. 서비스의
기본 정신은 봉사와 베풂이다. 고객에게 서비스를 제공하는 업무
가 바로 봉사와 베풂을 실천하는 길이다.

●● 봉사와 베풂의 미학

　남에게 베풀며 사는 일은 결코 쉽지 않다. 모든 사람들이 먼저 베풀고 먼저 봉사하는 데 주저하지 않는다면 이 사회가 얼마나 아름다워질까? 알버트 슈바이처 박사는 '인간이 할 수 있는 최고의 일은 봉사'라고 말했다. 마더 테레사 수녀는 오직 가난하고 헐벗고 굶주린 사람들을 위한 봉사와 희생의 일생을 보냈다.

　사실 봉사란 어렵고 거창한 일만은 아니다. 어떻게 생각하느냐에 따라 봉사는 쉽거나 어려워진다. 고객 만족의 서비스를 제공하는 일도 봉사의 하나가 된다. 교사가 학생들에게 참교육을 실천하는 일도, 방송국이 시청자들에게 건강하고 질 좋은 프로그램을 제공하는 일도 봉사의 차원에서 이루어진다. 그대가 자신의 본분을 충실히 지켜나가기만 해도 봉사는 가능해진다. 각자 책임감을 가지고 맡겨진 일을 소중하게 생각하며 성실히 일하는 것이 곧 봉사를 실천하는 길이다.

●● 스스로 보람을 찾아라

　서비스의 기본 정신은 남에 대한 배려와 봉사, 베풀려는 마음에서 우러나온다. 그대가 정말 좋은 서비스를 제공하고 싶다면 먼저 봉사하고 베푼다는 자세를 유지하라. 봉사와 베풂의 즐거

움을 느낄 수 있다면 그대는 타고난 서비스맨이다. 그대의 마음에서 저절로 일어나는 봉사 정신이 밑바탕을 이루어야 고객들에게 가식 없이 진솔한 서비스를 제공할 수 있다. 마지못해 억지로 하는 서비스는 겉으로 드러나게 되어 있다.

그대가 가식적으로 고객을 대한다면 그들도 역시 그대에게 더 이상 요구하지 않는다. 요구할 의사가 없어지면 고객은 더 이상 그대를 찾지 않을 것이다. 그대가 고객에게 봉사하면서 스스로 보람을 느낄 수 있어야 제대로 된 서비스를 제공할 수 있다.

●● 공공 서비스

우리 사회를 건강하고 살기 좋은 곳으로 만들기 위해

서 봉사와 베풂의 정신이 가장 잘 구현되어야 하는 분야가 있다. 학생들을 가르치는 교육 서비스, 국민의 손과 발이 되어야 하는 행정기관의 민원 서비스, 국민 건강을 책임지고 있는 의료 서비스 등의 분야다.

사실 이 분야들이야말로 봉사와 베풂의 서비스가 가장 필수적이다. 그럼에도 불구하고 그 동안 서비스와는 동떨어져 있던 영역들이었다. 그 분야의 종사자들은 서비스란 단어를 쓴다는 자체에 심한 거부감을 느낀 것은 물론, 자신들의 위치가 자칫 폄하되지 않을까 하는 우려 때문에 서비스 자체를 부정적 시각으로 바라본 게 사실이었다.

실제로 대학 강단에서 강의하는 교수들에게 물어보면 교육 서비스라는 단어에 굉장한 거부감을 가지고 있다. 학생들을 지도하는 일이 지식을 서비스한다는 개념으로 바뀌는 것 자체가 교수의 권위에 상처를 입힌다고 생각하는 경향이 강하다. 공무원들도 대부분 인·허가 계통의 일을 취급한다는 이유로 굳이 국민이라는 고객에게 먼저 베풀고 봉사하는 서비스를 제공해야 할 당위성을 심각하게 느끼지 않았다.

의료 서비스는 과연 어땠는가? 의료진의 공급 부족으로 사정이 절박한 환자들이 먼저 찾아가야 하는 상황이었다. 그러다 보니 환자들이 돈을 주며 부탁해야 치료가 가능한 권위적 분위기가 지배하고 있었다.

●● 서비스 마인드를 가져라

그대가 그 같은 분야에서 일하고 있다면 지금 당장 의식을 전환하라. 이 순간부터 그대의 일에 서비스 마인드를 주입시켜라. 이제 교육 분야, 행정 분야, 의료 분야도 더 이상 비경쟁 분야가 아니다. 더 나은 교육 서비스와 질 좋은 의료 서비스를 찾아 고객들이 움직이기 시작했다. 어느 분야에서나 서비스 마인드를 강조하고 적극적인 고객 우선 배려를 요구하고 있다. 이러한 흐름을 외면할 때 그대는 마침내 고립될 것이다.

먼저 권위적인 자세를 버려라. 환자들의 아픔을 끝까지 귀담아 듣고 먼저 다가가서 보살펴라. 학생들의 시각으로 바라보고 그들의 눈높이에 맞추어 가르쳐라. 국민이 진정으로 원하는 행정이 무엇인지 파악하기 위해 노력하라.

교육·의료·공공 서비스 부문은 국가 경쟁력을 측정할 때 금융·교통 서비스와 함께 가장 중요한 척도로 평가되는 분야다. 삶의 질에 막대한 영향을 끼치는 영역이다. 따라서 그대 스스로 사명감을 가지고 하루 빨리 봉사하고 베푸는 서비스를 실천해야 한다.

미래의 고객을 잡아라

미래가 있다는 것만으로도 충분히 행복하다.

– 고골리

●● 새로운 세력의 탄생

2002년 대통령 선거를 치르면서 우리 사회에 커다란 변화가 있었다. 그 중 가장 두드러진 특징이 20대와 30대를 주축으로 한 신세대들의 부상이었다. 50~60대인 구세대와 20~30대인 신세대 사이의 대결이라는 새로운 선거 구도를 형성했다. 마침내 신진 세력의 승리로 끝나면서 이전에 볼 수 없었던 젊은 세대들의 깊은 정치적 관심과 적극적인 사회 참여라는 새로운 흐름을 만들어 냈다.

이 흐름은 2030, 5060이라는 신조어를 탄생시키기도 했다.

304

2030이란 20~30대의 젊음과 개혁을 상징하고 5060이란 50~60
대의 안정과 보수를 의미하게 되었다. 때문에 젊은 세대들의 기득
권에 대한 당당한 거부가 우리 사회에서 인정받기 시작했고, 기존
세대들과의 차별화를 시도하려는 움직임이 탄력을 받기 시작했
다. 선거의 결과는 바로 이 사회의 새로운 주도 세력의 탄생을 의
미하는 것이었다.

●● 최대의 미래 고객 2030

이 2030 세대가 바로 우리가 관심을 가져야 할 미래의
최대 소비자 군단이다. 흔히 말하는 인터넷 디지털 세대로서 사회
각 계층에서 새로운 여론 형성 그룹으로 부상하고 있다. 2030 세
대는 전체 인구의 1/3을 차지하는 상당한 규모의 집단이다. 이들
은 사이버 공간에서 세력을 형성하고 새로운 의사 전달 매체인 인
터넷을 통해 의사를 적극 표현하며 원하는 바를 사회 운동으로 승
화시키는 저력을 지닌 세대이기도 하다.

2030 세대는 2002년 월드컵 응원 문화를 주도하고 촛불 시위
등으로 우리 사회의 평화적 시위 문화를 정착시키면서 이 시대의
주도 세력임을 다시 한번 확인했다. 이들은 1997년 IMF 구제 금
융 사태를 경험하면서 세계 경제의 시장 원리를 뼈저리게 실감했
다. 이에 따라 제한된 특정 부분에만 광적으로 집착하는 독특한

소비 패턴을 형성했다.

하지만 시간이 지남에 따라 그들은 IMF 구제 금융 사태의 쓰라린 경험을 뒤로하고 소비 형태가 그 어느 세대보다도 공격적으로 변모했다. 기업들은 신제품의 출시에 앞서 가장 먼저 그들의 소비 동향을 조사하기에 이르렀다. 그들의 취향과 관심에 맞게 마케팅의 중심을 이동하고 있다.

요즘 들어 새로운 소비 풍토의 중심에는 2030 세대가 자리하고 있다. 최근의 조사가 보여 주듯이 이들의 저축률은 그 어느 세대보다도 낮다. 저축보다는 소비에 치중하는 소비 우선 성향이 강하다. 이들의 과소비가 사회 문제가 될 정도로 소비 형태가 적극적이다. 자기만의 개성에 치중하고 상품의 내구성이나 안전성보다는 디자인에 더 많은 관심을 보인다. 외형적으로 드러나는 측면에 더 많은 무게를 둔다. 상품의 내용보다는 즉흥적인 관심에 치우친다.

과거의 소비자층은 어느 정도 경제적으로 안정된 40대나 50대가 주축이었으나 이제는 그 주류가 2030세대로 바뀌어 가는 경향이 있다.

●● 외모로 고객을 판단하지 마라

사회 구조나 경제적 측면으로 볼 때 2030 세대는 명실

공히 우리 사회의 주축 세력으로 자리 잡았다. 그들을 공략하기 위해서는 이러한 변화에 민감하게 적응해야 한다. 그들이 추구하는 바가 무엇인지, 그들의 관심사는 무엇인지, 그들의 취향은 어떤지 등을 명확히 파악하여 전략적으로 접근할 필요가 있다. 그러자면 우선적으로 그들을 알아야 한다.

그대의 서비스를 보는 그들의 시각은 본인에 대한 서비스 관심은 물론이고 주변 사람(노약자, 외국인 등)에 대한 서비스에도 상당한 관심을 가지고 있다.

이에 대한 주관적 의사를 강하게 표현하는 경향이 매우 짙다. 주변 사람들이 제대로 된 서비스를 받지 못한다고 생각되면 직접 나서서 문제점을 지적한다. 때로는 즉흥적이고 공격적으로 의사를 표현하기도 하여 주위 사람들을 당혹스럽게 만들기도 한다.

하지만 항상 지나치게 감정적으로만 행동하는 것은 아니다. 비록 신중하거나 사려 깊은 행동이 부족한 측면도 없진 않으나, 의외로 자기를 희생하여 남을 배려하거나 사회 질서를 엄격히 준수하는 모습을 보여 주기도 한다. 그들은 자신의 감정을 숨기거나 가슴에 묻어 두기보다는 솔직 대담하게 표현한다. 누구보다도 자기 자신을 존중하고 아낄 줄 안다. 고객으로서 충분하고 적절한 대우를 받기를 기대하며 적극 요구한다.

따라서 나이가 어리다는 이유로 이들을 무시하거나 함부로 대하는 것은 절대 삼가야 한다. 나이와 외모에 관해 상당히 예민한 반응을 보이기 때문에 존댓말을 사용하는지 여부에 대해서도 상당히 신경을 곤두세운다. 특히 외모만 보고 어린애 취급하는 듯한 서비스 태도에 대하여 아주 부정적인 반응을 보인다.

●● 신속하게 움직여라

2030 세대 고객을 만족시키려면 무엇보다도 진정한 고객으로 대우하고 깍듯이 예의를 갖추는 서비스 자세가 필요하다. 나이가 어리거나 어려 보인다고 해서 소홀한 모습을 보여서는 곤란하다. 고객의 연령에 따라 서비스의 태도가 들쭉날쭉 일관성이 없다면 바람직한 모습은 아니다. 연령과 성별에 관계없이 고객은 소중하다.

2030 세대는 디지털 세대답게 신속한 처리를 선호한다. 기다림과 지루함은 그들에게 최대의 적이다. 그들은 인내심을 갖고 기다리지 않는다. 2030 세대를 잡으려면 신속하게 움직여라. 그리고

머뭇거리지 마라. 결정했으면 바로 시행하라. 이것이 그들을 그대의 고객으로 만드는 길이다.

●● 고객의 관점에서 판단하라

2030 세대를 좀더 자세히 파악하는 길은 그들만의 문화 그들만의 생각에 함께 빠지는 게 최선이다. 그들과 같이 행동하고 생각하면 그들을 쉽게 이해하고 그들의 입장에서 그들을 파악하는 데 도움이 된다.

그들만의 문화에 익숙해지는 것이 그들을 더욱 철저하게 아는 길이다. 속속들이 알아야 그들을 만족시키고 그들을 감동시킬 수 있다. 그들의 관점에서 판단하고 그들의 시각으로 받아들이는 노력이 평생 고객을 만드는 핵심 전략이다. 이미 많은 기업들이 발빠르게 그들의 성향과 취향에 초점을 맞추어 마케팅, 인사, 경영의 틀을 새롭게 조정하는 것도 그 때문이다.

고객의 요구가 점점 다양해지면서 이에 맞추어 시장은 날로 세분화되고 있다. 다양한 개성에 적절히 대응하기 위해서 그 개성에 맞는 독특한 서비스를 개발해야 한다. 이처럼 새롭고 특별한 고객을 끌어들이려면 독특한 개성을 파악하고 연구하여 그들만의 차별화된 고객 서비스를 펼칠 필요가 있다. 그들은 모든 측면에서 무궁무진한 가능성을 내포하고 있는 그룹이며 미래 고객의 가치를 충분히 내포하고 있다. 따라서 장기적인 안목으로 앞을 내다보고 평생 고객 전략을 펼쳐 나가야 한다.

point

우리의 미래는 그들에게 있다. 그들이 곧 우리의 미래를 보장할 수 있다. 2030 세대는 새로운 고객 문화 창출의 핵이다.

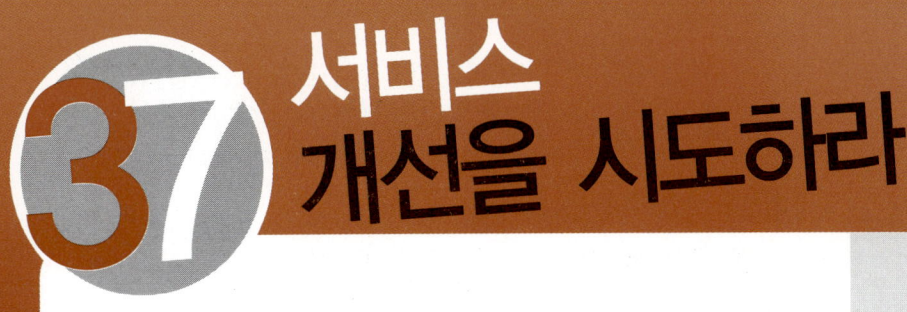

37 서비스 개선을 시도하라

> 과거를 돌아보지 마라. 현재를 현명하게 개선하는 일이 중요하다.
>
> – 롱펠로우

지구상의 모든 회사들은 다양한 경제 활동을 통해 이익을 창출하기 위해 존재한다. 종교 기관이나 봉사 기관 같은 비영리 단체가 아닌 이상 수익을 내지 못하면 유지 존속이 불가능하다. 결론부터 말하자. 서비스를 개선하여 고품질의 서비스를 고객에게 제공하는 일은 회사가 수익을 내는 데 크게 기여한다.

●● 스칸디나비안 항공사의 서비스 개선 사례

고객에 대한 서비스를 개선함으로써 쓰러져 가는 회사를 다시 일으켜 세우거나 적자에 허덕이던 회사를 막대한 흑자 회사로 돌려놓은 사례는 많다.

뉴욕을 출발하여 스톡홀름까지 여행하려면 코펜하겐에서 비행기를 한번 갈아타야 한다. 이 때 스칸디나비안 에어라인즈 시스템(SAS)를 이용하면, 코펜하겐에 도착한 후 버스를 타고 공항에서 반 마일 정도 떨어진 지역으로 이동한 후 거기서 스톡홀름행 비행기를 갈아타야 한다.

고객들이 버스로 갈아타고 불편하게 이동해야 하는 이유는 다른 데 있지 않았다. 공항 주변 땅값이 비싸다는 이유로 공항에서 멀리 떨어진 지역에 탑승 시설을 만들었기 때문이다. 경비 절감 측면에만 초점을 맞추어 탑승객들의 편의는 전혀 고려하지 않은 것이다. 얀 칼슨 회장은 막대한 이전 비용에도 불구하고 항공기를 코펜하겐에서 출발하도록 지시했다 .

얀 칼슨 회장은 1981년 39세의 젊은 나이로 만년 적자인 스칸디나비안 에어라인즈 시스템(SAS)의 총책임자로 취임했다. 당시 유럽의 거의 모든 항공사가 경제 상황 악화로 경영난에 직면했고 대대적인 비용 절감을 실시하고 있었다. 그러나 얀 칼슨 회장의 생각은 달랐다. 고객에 대한 서비스를 개선하여 양질의 서비스를 제공하는 것만이 어려움을 극복할 수 있는 유일한 탈출구라고 굳게 믿었다. 얀 칼슨은 취임하자마자 회사 전체를 고객 지향적 서비스 중심으로 전환시켰고 서비스 질의 개선과 직원 만족을 위해 애썼다. 경영 적자인 상황에서 비용 절감이 아니라 직원의 교육과 훈련, 고객 서비스 개선에 막대한 비용을 투자했다. 조직 전체의 체질 개선을 시도한 것이다. 모두 2만 명에 이르는 직원들을 대상으로 고객 지향적인 마인드를 철저하게 주입시키는 교육을 단행했다. 특히 현장 직원들에게 고객에게 최선을 다해 서비스를 제공하도록 훈련을 시켰다. 깔끔하고 세련된 복장에 재량권을 확대하여 직원들의 판단을 존중하는 조직 문화를 만들었고 직원들 스스로 애사심을 갖도록 유도했다. 얀 칼슨 회장도 솔선 수범하면서 꾸준히 고객 지향적인 회사 시스템으로 바꾸어 나갔다.

SAS는 1년 만에 8백만 달러(약 80억 원)의 적자에서 7천만 달러(약 700억 원)에 이르는 흑자로 전환할 수 있었다. 경쟁 기업들이 경비 절감에만 주력하여 적자를 면치 못하는 동안 SAS는 직원들의 사고 방식 개선, 체질 개선에 따른 서비스 향상으로 흑자 기업을 만들었다.

●● 서비스 개선의 효과

수많은 회사들이 서비스 개선을 부르짖으며 고객 지향적인 서비스를 주장한다. 하지만 실제로 그 주장을 철저히 실천에 옮긴 경우는 그리 흔하지 않다. 페더럴 익스프레스나 메리어트 호텔, 디즈니, 맥도널드, 노드스트롬 백화점 같은 불과 몇몇 우수 기업들만이 지속적으로 실행하고 있을 따름이다.

수많은 회사들이 대·내외적인 광고와 홍보를 통해 고객에게 고품질 서비스를 약속한다. 하지만 그 홍보 활동이 회사의 수익에 얼마나 긍정적인 영향을 끼치는가에 대하여는 못내 미심쩍어 하고 있다.

영업 활동 확대, 광고 선전을 통한 판매 실적 증진의 효과는 기업의 수익에 직결된다고 철석같이 믿는다. 그러나 고객에 대한 양질의 서비스가 기업의 수익에 미치는 영향에 대하여는 아직도 확신을 갖지 못하고 있는 것으로 보인다. 여유가 있을 때 고객 서비스 개선을 생각하고 그렇지 않으면 하지 않아도 된다는 생각이 지배적이다. 이제는 이처럼 소극적이고 방어적인 생각에서 벗어나야 할 때다.

서비스 개선 대책을 추진하여 뛰어난 서비스를 고객에게 제공한다면, 고객은 자신의 선택을 굳이 다른 쪽으로 바꿀 이유가 없어질 것이다. 변화된 고품질 서비스를 경험한 고객은 주위 사람들에게 그 사실을 전하게 된다. 입에서 입으로 전해진 구전 효과가 그 어떤 광고보다도 훌륭한 효과를 발휘한다는 사실은 우리가 이미 알고 있다.

구전을 통해 새로운 고객을 많이 확보하는 일은 고객의 이탈을 방지하는 것은 물론이고 광고와 마케팅에 투자하는 엄청난 비용을 절감할 수 있게 한다. 연구 결과도 이 사실을 증명한다.

'기존 고객을 유지하는 비용의 5배가 신규 고객을 창출하는 데 지출된다.' 그 연구 결과는 우수한 서비스를 통한 기존 고객의 유지가 얼마나 경제적으로 이익인지 웅변하는 사례다. 뛰어난 서비스를 통해 기존 고객의 이탈을 방지하고 유지하는 일은, 질 낮은 서비스 때문에 빠져나가는 기존 고객을 보충하기 위해 신규 고객을 유치하는 일보다 훨씬 경제적이란 사실이다.

기존 고객의 이탈이 없다면 이를 보충하기 위한 신규 고객의 창출이 필요하지 않다. 당연히 광고나 마케팅 비용을 현저히 줄이는 효과를 가져다 준다. 광고와 마케팅에 소요되는 비용의 절감은 생산 단가의 인하로 귀착된다.

상대적으로 질 높은 상품을 경쟁 업체보다 낮은 가격에 판매한다면 당연히 매출은 증가한다. 매출 성장은 수익을 증가시키고 이윤의 증대로 이어진다. 이윤의 증대는 연속적으로 풍족한 이윤 분배를 가능하게 한다. 풍족한 이윤 분배는 임금 인상과 직원들의 사기 진작에 기여한다. 사기 충천한 직원들은 다시 고품질의 서비스를 고객에게 제공하는 선순환의 서클을 만들어 낸다. 이처럼 서비스 개선으로 인한 고품질 서비스의 제공은 회사의 이익과 직결되는 것이다.

●● 그대 자신을 훈련시켜라

다시 한번 강조하자. 서비스 개선을 통해 고품질 서비스를 구현하는 작업은 두 가지 차원에서 진행된다. 하나는 회사 차원에서 서비스 시스템의 문제를 개선하는 일이고, 다른 하나는 개인적인 차원에서 서비스 개선의 해결점을 찾는 일이다. 회사 차원의 문제는 회사에 맡기고 일단 그대에게 당면한 문제부터 해결해 나가자.

서비스 개선을 통해 고품질의 서비스를 제공하려면 먼저 자신을 되돌아보고 현재의 그대를 정확하게 평가하라. 그대의 서비스 기술 정도, 전문 지식 수준, 고객 응대 기술, 문제 해결 능력 등에 대하여 솔직하게 파악하라. 그리고 개선 작업을 통한 발전을 도모하자. 강도 높은 훈련과 자기 노력이 있어야 품질 향상이 가능해진다. 중도에 포기하지 말고 꾸준히 그대 자신을 계발하라.

1) 전문 지식을 익혀라

몸담은 분야의 전문 지식을 통달하고 있어야 한다. 고객 앞에서 이자를 신속히 계산하지 못해 쩔쩔매는 은행원, 부품의 성능에 대한 고객의 질문에 정확하게 답하지 못하고 얼버무리는 자동차 판매원, 지하철 노선도 제대로 모르는 지하철공사 직원의 모습 등은 고객을 실망시킨다. 따라서 그대의 업무와 관련하여 어떤 질문이 떨어지더라도 즉시 답변할 수 있을 정도로 전문가가 되어야 한다.

2) 능숙한 서비스 기술자가 되어라

그대가 계속 물을 엎지르고 음식물을 떨어뜨리고 접시를 깨뜨리면 고객은 불안해한다. 고객에게 불안감을 준다면 결코 좋은 서비스가 아니다. 따라서 능숙한 서비스 기술을 보유해야 한다. 남들이 5분 안에 끝내는 일을 20, 30분이나 걸려 마친다면 고객은 짜증스러워한다. 동료들에게도 좋은 인상을 주지 못한다. 능숙해질 때까지 계속 훈련하는 게 가장 빠른 지름길이다. 건성으로 대충대충 일을 처리하는 습관이 들면 몇 년이 걸려도 제자리걸음이다. 정신을 집중하여 철저히 한 단계 한 단계 익혀야 하는 것도 그 때문이다.

3) 고객 응대 기술을 배워라

그대가 현장에서 서비스 담당자로 일하는 이상, 고객을 마주치지 않고 일을 할 수는 없다. 항상 고객과 접하는 그대에게 가장 필요한 것들 중의 하나가 바로 고객을 제대로 응대하는 기술이다. 어떻게 인사해야 고객이 기분 좋을까? 고객에게 어려운 대답을 해야 할 때는 어떻게 대처해야 할까? 고객을 자연스럽게 칭찬하는 방법은 없을까? 이처럼 고민하면서 기술을 익혀야 날로 발전한다. 응대 기술과 관련하여 다양한 교재들이 나와 있다. 회사로부터 많은 정보를 얻을 수도 있다. 그대의 노력과 의지만 있다면 얼마든지 자료와 정보를 구할 수 있다.

4) 문제 해결 능력을 키워라

현장에서 발생하는 문제를 얼마나 신속하고 명쾌하게 해결하느냐에 따라 고객의 신뢰도가 현저한 차이를 보인다. 문제 해결 능력은 주로 경험에 가장 많이 의존하게 된다. 보석 같은 경험은 오랜 시간에 걸쳐 축적되어야 한다. 그렇다고 무작정 시간이 흐르기를 기다릴 수는 없다. 아직 경험이 미천하다면 동료와 선배들의 도움을 받아라. 그들과 자주 모임을 가져라. 그들이 경험했던 문제와 그 해결 방법을 간접적으로 경험하라. 사적인 자리나 공적인 자리에서 문제점에 대해 토론하는 기회를 자주 마련하라. 그대의 문제 해결 능력이 몰라보게 성장할 것이다.

point

계획적이고 지속적으로 서비스 개선을 시도하면 그대 자신의 능력뿐만 아니라 회사의 수익 증대에도 도움이 된다. 단기적으로 크게 효과가 없다는 이유로 중도 포기하거나 느슨해지지 마라. 꾸준하게 실천하는 것이 중요하다. 계속하다 보면 어느 날 그대도 모르는 사이에 전문가가 되어 있을 것이다.

38 충성스런 고객은 없다

고객과의 관계가 안 좋거나 나빠지고 있다는 가장 확실한 신호가 있다. 그것은 바로 불평 불만이 없다는 점이다.

– 테어도어 레빗

초등학교 시절 짝꿍의 관심을 끌기 위해 그대가 시도한 일들을 기억해 보자. 아침 세수를 하면서 머리에 무스를 바른다. 예쁜 모양의 머리띠를 고르다가 엄마의 잔소리를 들은 적도 있다. 엄마에게 떼를 써서 용돈을 받아 선물을 사고 어떻게 선물을 전할까 수업 시간 내내 고민한다. 우산 없는 짝꿍이 내 우산 속으로 들어오기를 기대하며 비가 내리기를 간절히 기도하기도 했다. 짝꿍이 무엇을 좋아하는지 궁금해 안달이 난 경우도 많다. 예쁜 그림을 넣은 편지를 쓴 뒤 전하지 못하고 가슴을 태운 적도 있다.

그대는 어린 시절의 그러한 고민들을 지금도 경험하고 있다. 그

관심과 고민의 대상이 짝꿍에서 고객으로 바뀌었을 따름이다. 짝꿍의 관심을 끌기 위해 그대가 했던 일들을 변함 없이 고객을 향해 진행하고 있을 뿐이다.

●● 고객이 왕이다

고객 만족, 고객 기쁨, 고객 환희…. 최근 들어 '고객 졸도' 라는 말까지 나오고 있다. 주변을 둘러보아라. 백화점, 호텔, 레스토랑, 병원 등은 말할 것도 없고 심지어 동네 골목의 구멍가게에서도 고객 만족을 외쳐댄다. 고객이 호사를 누리는 시대에 살고 있는 셈이다.

물건이 턱없이 부족하던 시절, 물건을 구하기 위해 끝없이 늘어선 행렬 속에서 한 마디 불평도 없이 마냥 차례를 기다렸다. 물건들을 구매할 수 있다는 그 사실만으로도 만족했다. 그 때는 물건을 제공하는 그 자체가 최고의 서비스였다.

하지만 요즘은 사정이 무척 다르다. 고객은 다양한 상품 앞에서 무엇을 선택해야 할지 고민한다. 물건을 파는 사람은 고객의 눈치를 보며 갖은 아첨을 다 떨고 있다. 이른바 고객 천국의 시대가 도래한 것이다.

고객의 관심을 끌기 위해 모든 시계를 고객 중심으로 맞추어 놓았다. 바야흐로 고객은 왕이 되었다. 고객이라는 절대 군주의 선택을 받고 환심을 사기 위해 모든 관심과 노력을 쏟아 붓고 있다.

●● 고객과 특별한 관계를 맺어라

하지만 고객의 입장은 느긋하다. 굳이 그대에게만 특별한
관심을 보일 필요가 없다. 그대가 아니어도 기다리는 사람과 선택
의 기회는 얼마든지 널려 있다. 그대와 특별한 관계를 맺지 않는
한, 고객은 굳이 그대에게만 꾸준한 관심과 애정을 보낼 이유가
없다.

새로운 방법의 서비스가 등장하고 그것이 그대의 서비스보다
더 우수하다고 느끼는 순간 주저 없이 발길을 돌린다. 주변 환경
이 바뀌면 더 좋은 환경으로 이동하게 마련이다.

오래도록 마음이 변하지 않는 우량 고객을 유지하려면 그들과
특별한 관계를 맺어야 한다. 고객과 서비스 담당자의 단순한 관계
가 아니라 친구나 가족 같은 끈끈한 관계를 유지해야 한다. 그러
나 쉽지 않은 일이다.

1) 호감을 표현하라

특별한 관계를 맺기 위한 첫 번째 단추가 있다. 고객에게 그대를 알
리고 그대가 고객에게 관심을 갖고 있다는 사실을 표현하는 일이다.
고객에게 그대를 어필하려면 첫인상을 긍정적으로 심어야 한다. 단정

한 외모, 바른 말투, 침착한 몸놀림 등이 좋은 인상을 줄 수 있다. 고객에게 특별히 많은 시간을 할애하라. 고객을 따스하게 칭찬하거나 포용하고 고객의 관심사에 적극 동감함으로써 특별한 관심을 가지고 있다는 사실을 알려라.

2) 고객을 기억하라

고객이 다시 방문하였을 때 반드시 기억하라. 고객은 자신을 기억하고 있다는 사실만으로도 흡족하게 생각한다. 고객이 원하는 치수나 취향을 기억한다면 금상첨화가 될 것이다. 고객을 기억하는 요령은 고객 수첩에 있다. 이름, 나이, 취미, 특기 등 특징적인 점을 기록하고 연관시켜야 기억해 내기가 쉽다.

3) 항상 먼저 행동하라

이제 고객도 그대가 호감을 가지고 지속적으로 배려한다는 사실을 알게 되었다. 그럼에도 고객은 여전히 스스로 먼저 나서는 일은 쑥스럽게 생각한다. 서비스 담당자인 그대가 먼저 인사하고 먼저 환영 의사를 표현하라. 먼저 기억하고 배려하는 일을 지극히 자연스럽게 실천하라.

4) 꾸준히 연락을 취하라

항상 관심을 가지고 있다는 사실을 알려라. 편지, 전화, 이메일 등을 이용하라. 새로운 상품이 나오면 카탈로그와 사보를 발송하고 특별 이벤트 일정과 사보 등을 동봉하라. 단순히 안부를 묻는 전화가 의외로 큰 효과를 발휘하는 경우도 많다.

5) 기념일을 축하하라

고객 본인이나 가족의 생일, 결혼 기념일 등 특별한 날에는 반드시 축하의 메시지를 전하라. 축하 엽서를 보내고 선물까지 보낸다면 더욱 효과적일 것이다. 요즘은 상품 할인권이나 문화 행사 초대권들을 많이 활용하고 있다. 비록 당장 반응이 오지 않더라도 고객의 마음속에 깊이 기억될 것이다.

6) 고객 자신이 특별한 존재로 대우받고 있다는 사실을 느끼게 하라

위 과정을 착실하게 진행했다면 고객은 특별 대우를 받고 있다는 사실을 알게 될 것이다. 이제 친밀한 관계로 발전 가능해진다. 미처 그대가 알아차리지 못했더라도 고객이 먼저 그대에게 다가와 미소를 보낼 것이다. 그대가 쉬는 날에도 고객은 동료 앞에서 그대를 찾을 것이다.

●● 고객에게 충성하라

특별한 관계가 맺어졌다고 하자. 지금부터 그대는 고객과의 관계를 오랫동안 유지할 수 있도록 공들여 관리해야 한다. 일

반적으로 좋은 관계가 형성되면 그 이후로 고객을 단골 또는 충성
스런 고객이라 부른다. 하지만 충성스런 고객이란 표현을 쓸 때는
각별히 주의해야 한다.

충성이란 말은 대체로 아랫사람에게 쓰는 표현이다. 고객에게
자칫 부정적인 감정을 불러일으킬 수도 있다. 고객이 없는 자리에
서 이러한 말을 자주 쓰다 보면 자신도 모르게 감정이 이입되어
고객을 다소 소홀히 대할 수 있다.

아무리 돈독한 관계일지라도 그대가 계속 약속을 어기거나 연
속적으로 신뢰를 상실하면 고객은 그대와의 특별한 관계를 더 이
상 유지하려고 하지 않는다. 고객이 충성스럽게 그대를 지지할 것
이라고 기대한다면 어리석은 생각이다. 충성스런 고객은 없다. 충
성은 그대의 몫이지 고객의 몫이 아니다. 친숙하고 돈독한 관계는
만들기도 어렵지만 유지하기도 쉽지 않다. 그대가 고객에게 충성

뭐야~
저 승무원 내게 음료수 쏟았을 때
괜찮다고 봐줬더니...
나한텐 국물도 없었으면서...
큰 소리 치는 승객한텐...
업그레이드를 해준다고?
하여간, 참는게 바보라니까...

하라. 고객이 그대의 충성을 즐기게 만들어라. 그럴 때만이 고객
과의 관계는 오래오래 지속될 것이다.

고객을 파악하라

우리가 모실 유일한 상사는 바로 고객이다. 고객은 특정 회사의 제품을 사지 않고 다른 데 쓰는 일만으로도 그 회사의 최고 경영자와 말단 사원 그 누구도 쉽게 파면시킬 수 있다.

– 샘 월튼(월마트 CEO)

Tip

소나기가 내리는 어느 날 밤이었다. 뉴욕의 한 백화점에 초라한 행색의 부인이 비를 흠뻑 맞은 채 빗물을 뚝뚝 흘리며 들어왔다. 그 부인은 물건을 사러 온 게 아니라 잠시 비를 피하기 위해 들른 것이었다. 이를 알아차린 백화점 직원은 바닥의 카펫이 더럽혀질까 봐 안절부절 못했다.
"아주머니, 물건을 사지 않을 작정이면 밖에서 비를 피하세요"
직원은 부인을 밖으로 내몰았다. 그 백화점에서 쫓겨 나온 그 부인은 다시 건너편의 백화점으로 들어갔다. 하지만 이 백화점 직원은 너무도 친절했다.
"사모님, 비가 그친 다음에 나가셔도 좋습니다."

맞춤형 서비스로 성공하라!

326

그 직원은 부인의 사정을 깊이 헤아렸고 앉을 의자와 빗물을 닦을 수건까지 건넸다. 오랫동안 비가 그치지 않자 어쩔 수 없이 그 부인은 백화점을 나서야 했다. 그 때였다. 그 직원은 부인에게 비록 낡았지만 우산 하나를 쥐어 주었다.

며칠 뒤 이 백화점에는 어마어마한 규모의 주문이 들어왔다. 알고 보니 그 초라한 모습의 부인이 낸 주문이었다. 그 부인이 바로 강철왕 카네기의 부인이었다고 한다. 그 때부터 뉴욕의 백화점들은 '모든 사람을 카네기 부인처럼 대접하라'고 직원들에게 교육시키기 시작했다.

●● 고객이란 나를 제외한 모든 것이다

그대가 고객 서비스를 담당하고 있다면 언제 어디서나 '카네기 부인'과 마주칠 수 있다. 정해진 시간과 장소에서만 고객과 만나는 것은 아니다. 고객은 어디에나 있고 누구에게나 있다. 일본의 소니사는 '고객이란 나를 제외한 모든 사람이다'라고 직원들에게 강조한다.

일을 하는 동안은 잠시라도 긴장을 늦추어서는 안 된다. 언제나 한결같은 마음으로 고객을 상대하라. 비록 지금 당장 물건을 사지 않아도 언젠가는 그대에게 다가와서 그대를 놀라게 할지도 모른다. 그대가 미용실에 근무한다는 이유로 여행사를 찾는 고객을 무심코 지나치거나 그대와 관계없는 사람이라고 생각해서는 안 된다. 그 고객은 여행을 떠나기 전 그대의 가게로 머리를 손질하기 위해 찾아올 수 있다.

게임 CD를 사러 온 코흘리개라고 해서 가볍게 대하거나 무시하지 마라. 처음 게임 CD를 구입하는 학생에게 만족한 서비스를 제공하고 계속적인 관심과 충실한 A/S를 제공한다면, 휴대폰을 구입하기 위해 부모님을 모시고 다시 그대를 찾아올 것이다. 휴대폰을 구입한 그 학생은 얼마 뒤에 노트북을 살 것이다.

그 학생은 직장인이 되어 자기 회사에 필요한 컴퓨터나 직원 전체가 사용 가능한 공동 휴대폰을 구매하는 부서에 근무하게 될지도 모른다. 결혼을 하면 TV, 에어컨, 냉장고를 구입하고 아이를 낳으면 아이에게 게임기를 선물할 것이다.

세월이 흘러 오래된 가전 제품을 바꾸기 위해 다시 그대를 찾게 될 것이다. 첫 거래는 비록 미미하지만 평생을 통하여 구매가 이어진다면 그대에게 주는 이익은 그리 만만치 않다. 고객의 미래를 염두에 둔다면 그대는 지금 평생 동안 그대에게 이익을 가져다 줄 소중한 고객을 상대하고 있는 셈이다.

●● 고객의 욕구는 진화한다

'고객'이란 단어는 CUSTOM이란 영어에서 비롯되었다. CUSTOM이란 '어떤 물건이나 대상을 습관화하는 것 혹은 습관적으로 행하는 것'을 의미한다. 고객(CUSTOMER)이란 어떤 회사 자체나 그 회사가 만들어 내는 브랜드에 익숙해져 습관적으로 그 회사의 상품을 이용하는 존재를 말한다.

제품을 선택하기 전에 다른 제품과 가격을 비교하거나 품질에 대한 평가를 한 다음에 물건을 구입하게 마련이다. 하지만 이런 과정을 전혀 거치지 않고 자기가 신뢰하고 있는 물건을 주저 없이 선택하는 사람들도 많다. 과거의 경험에 비추어 그 상품이 가장 믿을 만하다고 판단하기 때문이다. 이런 고객을 '단골 고객'이라

고 말한다. 그대가 이처럼 단골 고객을 만들어 내고 그 단골 관계를 계속 유지시키는 일을 하고 있다.

그러나 방심하지는 마라. 그대의 서비스가 계속 실패해도 우직하게 그대의 제품이나 서비스를 영원히 지켜 주는 고객은 많지 않다. 경쟁사의 제품이 저렴하고 서비스가 우수하다면 고객은 선택을 바꿀 것이다. 일단 한번 좋은 서비스를 제공받은 고객이라면 다음 기회에는 더 좋은 서비스를 기대하기 시작한다. 칼 알 브레이트는 '고객의 욕구는 진화한다' 고 말했다. 그대가 고객의 요구나 기대를 만족시키지 못한다면 그 고객은 언제든지 새로운 서비스가 가능한 곳으로 발길을 돌릴 것이다.

고객은 철새와 같다. 항상 더 따뜻하고 더 편안한 안식처를 찾아다니는 철새처럼, 쉴새없이 비교 평가하며 더 나은 곳을 찾아 떠난다. 때문에 그대는 끊임없이 서비스를 계발하고 향상시켜야 한다. 다시 말해 그대의 서비스도 진화되어야 한다.

●● 고객의 심리

그대가 여전히 고객 서비스를 진행할 수 있다면, 그것은 고객이 발길을 돌리지 않고 그대를 기억하기 때문이다. 다행스럽게도 그대의 일을 성실히 수행하고 있기 때문이다. 고객이 없다면 서비스를 펼칠 기회도 없어진다. 고객의 존재는 그대에게 절대적이다. 고객 만족이 계속 그대를 찾도록 만든다. 고객을 감동시키면 고객은 영원히 그대 곁에 머문다.

고객 만족과 고객 감동을 원한다면 고객이 가장 필요로 하는 일을 하라. 고객이 가장 원하고 필요로 하는 것을 이미 알고 있다면 그대는 이미 고객을 감동시킨 거나 다름없다. 이제부터 그대는 전략적인 고객 서비스를 염두에 두어야 한다. 고객의 심리를 미리 파악하고 고객의 마음을 효율적으로 공략하자.

● 고객의 심리

- 고객은 집단 속의 한 명이 아니라 개인으로 인정받고 싶어한다.
- 지불한 가격보다 더 많은 것을 기대한다.
- 자신을 기억하기를 원한다.
- 가족처럼 편안하고 익숙한 환경이기를 소망한다.
- 개인적이고 이기적인 측면이 강하다.
- 자존심이 강하기 때문에 남이 가르치는 걸 싫어한다.
- 회사 규정을 언급하면 질색한다.
- 작은 일에 감동하고 사소한 일에 실망한다.
- 서비스맨을 독점하고 싶어한다
- 손해를 보려고 하지 않는다

●● 서비스에 대한 평가는 고객에게 맡겨라

고객의 생각과 행동을 파악했다면 지금부터는 자신 있게 서비스를 제공하라. 그러나 고객의 생각을 완전히 파악했다고 자만하지는 마라. 그대가 아무리 고객의 심리를 잘 안다고 해도 고객을 100% 만족시킬 수는 없다. 많은 서비스 회사와 서비스 담당자들의 일반적인 실수는 자신을 너무 과신하기 때문에 발생한다.

많은 서비스 회사와 서비스 담당자들은 고객 서비스의 질을 평가 측정하는 자체 기준을 가지고 있다. 그들은 주관적인 기준을 토대로 고객의 기대를 만족시킬 수 있다고 믿어 버린다. 그러나 서비스에 대한 기대와 평가는 고객의 몫이지 결코 기업이나 서비스 담당자들의 주관적인 기준에 있지 않다.

예컨대, 신속한 서비스와 가능한 한 많은 고객 접촉이 훌륭한 서비스이며 표준이라고 믿는다. 패스트푸드점의 빠른 서비스가 고객의 인정을 받을 수는 있을지 몰라도, 편안하고 아늑한 분위기의 카페에서 패스트푸드점과 같은 빠르고 부산한 서비스 요원들의 움직임을 똑 같은 양질의 서비스라고 평가하긴 곤란하다.

수시로 고객과의 접촉을 시도했다고 하여 모든 고객이 다 만족스런 평가를 내리는 것 또한 아니다. 편안하게 휴식을 취하고 싶은 고객, 자신만의 시간을 갖고자 하는 고객에게 계속되는 서비스 요원들의 질문이나 관심 표명은 오히려 고객을 귀찮게 만든다. 서비스에 대한 평가는 상황과 시간에 따라 달라진다. 서비스의 평가 주체는 고객이고 고객만이 평가할 수 있다.

point

고객 담당자가 그대라면 고객 앞에서 자만하지 말고 항상 겸손하라. 서비스에 정해진 공식은 없다. 고객이 원하는 바를 꿰뚫는 것만이 유일한 공식이다. 100명의 고객이 있다면 100가지의 맞춤식 서비스가 필요할 따름이다.

먼저 고객을
만족시켜라

> 오늘날 글로벌 경제 시대의 특급 비밀은 따로 있다. 그대 회사의 서비스가 최고라면 돈방석에 앉게 될 것이고 그 돈을 담기 위해 가방만 새로 준비하면 그만이다.
>
> – 톰 피터스

낯선 곳에서 하루를 보내야 할 경우 어떤 것들이 가장 필요할까? 편안한 잠자리를 제공하는 호텔, 품위 넘치고 맛있는 식사가 제공되는 레스토랑, 맥주를 구할 수 있는 편의점, 의료 장비를 완벽하게 갖춘 병원, 지리를 상세하게 안내하는 지도, 여가를 보내기 위한 관광 가이드 정도가 되지 않을까? 이런 것들이 갖추어져야 낯선 곳에서 겪어야 하는 불편을 다소나마 덜어 줄 수 있을 것이다.

신형 디지털 카메라를 살 때 반드시 필요한 것은 제품 사용 설명서이다. 물론 사용 설명서가 없다고 해서 카메라를 작동하지 못하는 건 아니다. 다만 새로운 제품의 혁신적인 기능을 십분 활용

334

하지 못하거나 알맞게 사용하지 못할 따름이다. 물론 자칫 잘못하면 망가뜨리는 경우도 생긴다. 제품의 사용 설명서는 카메라를 사용하는 데 편리하도록 친절하게 안내하고 도와 준다.

그대가 지금 고객에게 서비스를 제공하는 중이거나 지금 막 서비스를 시작하려고 한다면 바로 이런 일을 해야 한다. 아주 생소한 곳에 도착하여 어리둥절해진 고객에게 잠자리를 제공하고 한밤중의 다급한 상황에서 직면한 고객에게 즉시 도움을 주는 일 같은 것 말이다. 가장 먼저 불편을 해소시키고 편안하게 만들어라. 제품을 편리하게 사용할 수 있도록 도와 주는 도우미가 되어라. 고객이 필요할 때를 대비하여 언제나 가까이에서 기다리고 있다는 믿음을 주어라.

● ● 목마른 자에게 물을!

수년 동안 많은 고객 서비스 전문가들이 질문을 던지며 고민해 왔다. 서비스란 무엇인가, 서비스를 제대로 수행하려면 어떻게 해야 할 것인가, 서비스 제공자의 역할은 과연 어떤 것인가…. 다양한 연구를 계속해 왔지만 그 해답은 간단하지 않았다.

서비스의 근본 개념은 고객이 원하는 바를 들어 주고 불편을 해소하여 편안함을 제공하는 데 있다. 서비스 수행자는 그 길목에

자리잡고 있다. 더불어 고객이 가장 필요로 하는 바를 미리 알아서 해결해 주는 것이 서비스다. 목마른 사람에게 물을 제공하고 배고픈 사람에게 먹을거리를 제공하는 일이다.

몇 달 동안 사막을 횡단한 사람에게 가장 절실히 필요한 것은 한 모금의 물이지 환영한다는 의미의 꽃다발이 아니다. 그대가 서비스를 수행하는 궁극적인 목표는 고객이 진정으로 원하는 바를 들어 주고 그들이 일을 제대로 할 수 있도록 옆에서 도와 주는 것이다.

물론 그대가 고객이 진정 원하는 바를 알아낸다는 일은 의외로 쉽지 않다. 우리 스스로도 우리가 진정으로 원하는 바가 무엇인지 확실하지 않을 때가 많다. 심지어 고객의 마음을 알아차린다는 게 결코 쉬울 리가 없다. 그뿐인가. 고객의 마음과 주변 환경은 수시로 변하고 그대도 변하기 때문이다. 그래서 우리는 가끔 한 모금의 물을 제공하기 전에 한 다발의 꽃을 선사하는 과오를 범하기도 한다.

●● 고객 서비스는 현장 담당자가 한다

고객이 가장 필요로 하는 것을 알아내는 일은 어렵다. 그렇다고 무작정 손을 놓은 채 기다릴 수는 없다. 그 일을 가장 원만히 처리할 수 있는 사람은 서비스 담당자인 그대뿐이다. 고객을 직접 관리 통제할 수 있는 사람은 관리자도 아니고 회사 경영자는 더더욱 아니다. 수시로 변하는 고객의 요구에 적절히 대응하는 데는 그대가 그 누구보다도 뛰어나다. 그대가 고객 서비스를 성공적으로 수행하면 고객은 편안함을 느끼고 그대를 호의적으로 평가할 것이다. 호의적인 평가는 그대를 더욱 고무시킬 것이고 맡겨진 일에 보람을 느끼게 할 것이다. 그 순간부터 그대는 더욱 열정적인 사람이 되어 확신에 찬 서비스를 제공할 수 있게 된다.

●● 서비스의 특성

변화하는 고객의 요구에 흔들리지 않고 항상 확신에 찬 서비스를 제공하라. 그러기 위해서는 현장 지식에 서비스의 특성에 대한 정보를 추가할 필요가 있다. 그 때부터 어느 누구보다도 뛰어난 서비스를 제공할 수 있을 것이다.

● 첫째, 서비스는 무형적이다

서비스란 추상적이고 감정적이어서 눈에 보이지 않는다. 이미지 컨설턴트의 조언과 교수의 강의를 눈으로 볼 수는 없다. 의사의 상담 치료나 자원 봉사자들의 친절을 형상화하기도 어렵다. 따라서 서비스를 수치로 계량화하거나 형상화하여 관리할 수는 없다. 당연히 서비스 수행자의 역량이나 감정에 그 성공 여부가 달려 있다. 그대가 서비스를 담당하는 이상, 그대의 자리는 너무도 중요하다. 성공적인 서비스를 달성하려면 눈에 보이지 않는 곳까지 세심하게 주의를 기울여라. 그러면서 그대의 감정을 항상 일정하게 관리하라.

● 둘째, 서비스는 일회성이며 재고로 보관할 수 없다

항공 여행, 영화 관람, 스포츠 관람 등은 정해진 날짜와 시간대에 국한하여 좌석을 판매하고 그에 따른 서비스를 제공한다. 정해진 날짜와 시간이 지나면 사라지는 일회성 서비스다. 일반 제조 상품처럼 재고로 보유했다가 다시 판매할 수 있는 성격이 아니다. 약속 시간이 지나면 소멸되어 더 이상 가치가 없어진다. 이처럼 다시 사용이 불가능한 서비스의 성격에 주목하라. 서비스의 기회가 한번만 주어진다는 사실을 명심하라. 기회가 주어지면 그대가 보여 줄 수 있는 모든 역량을 쏟아 부어라. 단 한 번에 올-인하라는 뜻이다.

● 셋째, 서비스의 생산과 소멸은 동시에 이루어진다

고급 레스토랑의 서비스 요원이 밝은 미소와 친절한 태도로 좋은 인상을 주고 있다. 서비스 요원의 아름다운 서비스는 그 자리에서 직접 생산되고 고객에게 바로 전해져 고객에게 즐거움과 편안함을 안겨 주자마자 소멸된다. 이처럼 서비스는 생산과 동시 고객의 감정에 물결을 일으키고는 잔잔히 사라진다. 서비스는 생성되면서 사라지기 때문에 일단 생성되면 하자가 발견되어도 다시 보수할 기회가 없다. 그대는 서비스를 제공하기 전에 충분히 준비하라. 그리고 완벽하게 수행하라.

● 넷째, 서비스란 수행 과정에 소비자가 직접 참여하거나 수행 대상이 된다

물품을 제조하는 생산라인에 소비자가 직접 참여하지 않는다. 반면에 의료 서비스나 미용 서비스를 받으려면 그 서비스가 생산되는 현장에 소비자가 직접 참여해야 한다. 만약 그 현장에 소비자가 없다면 서비스 수행과 생산은 이루어지지 않는다. 고객은 서비스가 진행되는 과정에서 계속 그대와 교감을 갖는다. 따라서 처음부터 끝까지 주의를 기울이며 따스한 교감을 나누어야 한다.

●● 고객에게 환영받는 서비스를 하라

서비스란 수행하는 사람과 이를 제공받는 사람 모두가 편안함과 만족을 느낄 수 있어야 한다. 특히 서비스 제공자가 보람을 느끼고 서비스 수혜자가 감동을 받아야 한다. 이처럼 훌륭한 서비스는 보람과 감동 위에서 가능해진다.

point

보람과 감동을 느끼고 싶다면 고객이 가장 원하는 바를 가장 먼저 해결하라. 그것이 가능할 때, 그대는 고객 만족의 지름길을 만나게 될 것이다.

참고 문헌

1. 역 피라미드 / 칼 알브레이트 저

2. 서비스 달인의 비밀노트(KNOCK YOUR SOCKS OFF SERVICE) / 론 젬키 · 크리스턴 앤더스 공저

3. 초일류 서비스 기업의 조건 / 레어나드 L.베리 저, 은종학 옮김

4. 서비스 아메리카 / 칼 알브레이트 · 론 젬키 공저

5. 죤솔의 고품질 서비스 / 죤솔 저

6. CUSTOMER SERVICE FOR DUMMIES / 캐런 릴랜드 · 키스 베일리 공저

7. 생각을 바꾸면 무엇이든 팔 수 있다 / 하코다 다다끼 저

8. 자신의 부가가치를 최고로 높이는 방법 / 오마에 겐이치 저

9. 서비스 기업의 경영 전략 / 이순철 저

10. 고객의 영혼을 사로잡는 50서비스 기법 / 안미헌 저

11. 나의 가치를 높여 주는 화술 / 안은표 저

12. 눈치 재치 마음치 / 이태훈 저

13. 서비스 바이러스 / 임봉영 저

14. 최고의 고객 만들기 / 켄 설턴 저

15. 현대 사회와 서비스 / 김용상 저

16. 협상의 비법 / 로저도슨 저

17. 조관일의 고객 죽이기 / 조관일 저

18. 먼저 돌아눕지 마라 / 장정빈 저

불황을 탈출하는 최고의 서비스 기술
맨주먹 서비스로 성공하라!

초판 발행 | 2005년 3월 2일
1판 6쇄 발행 | 2009년 3월 1일

엮은이 | 권오정
그린이 | 길현섭
펴낸이 | 윤다시
펴낸곳 | 도서출판 예가
주　소 | 서울시 영등포구 당산동 1가 191-10

전　화 | 02)2633-5462
팩　스 | 02)2633-5463
E-mail | yegabook@hanmail.net
등록번호 | 제 8-216호

ISBN | 978-89-7567-457-0　93320